DOCTOR,
¿ES LA TIROIDES?

DOCTOR, ¿ES LA TIROIDES?

Una glándula que regula nuestro cuerpo

➤ Alteraciones relacionadas con la tiroides
➤ Signos y síntomas
➤ Tratamientos eficaces

Dra. Gabrielle Cremer

HISPANO
EUROPEA

Índice

Introducción

La pequeña glándula tiroidea, situada en la base del cuello, solo pesa entre 15 y 25 gramos pero desempeña un papel crucial en nuestro organismo. Segrega hormonas tiroideas que intervienen en múltiples niveles: desarrollo cerebral del feto y el bebé, crecimiento óseo, transformación de grasas y de azúcares, estimulación del consumo de oxígeno por parte de los tejidos, etcétera. Por consiguiente, no resulta sorprendente que las disfunciones de la glándula (hipotiroidismo e hipertiroidismo) tengan numerosas repercusiones en nuestra salud: temperatura corporal baja, piel amarillenta y pálida, ojos hinchados, transpiración excesiva, humor depresivo, pérdida o aumento de peso y aceleración del tránsito intestinal o estreñimiento, por nombrar solo unos cuantos síntomas.

Las enfermedades relacionadas con la tiroides son bastante frecuentes, ya que hay más de 200 millones de personas en todo el mundo que las padecen. Afectan sobre todo a las mujeres, en especial en el momento del embarazo o la menopausia. No obstante, el diagnóstico de la tiroides muchas veces no se plantea y por eso es importante conocer bien los signos y los síntomas de disfunción de la misma, ya que en la actualidad existen tratamientos muy eficaces para todas las afecciones de la glándula, incluido el cáncer. Este último, en efecto, tiene un excelente pronóstico si se diagnostica y se trata a tiempo.

Nuestro entorno también tiene una influencia innegable sobre el funcionamiento de esta glán-

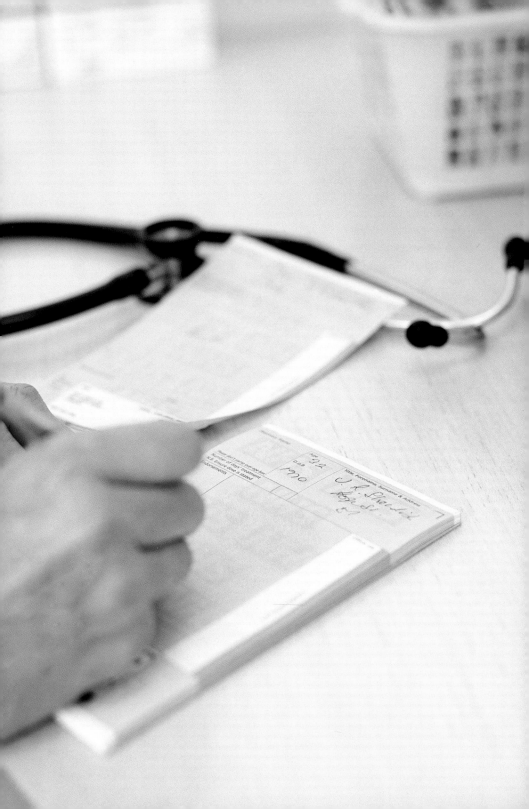

dula: los pesticidas, los medicamentos que tomamos, los alimentos que ingerimos y el contenido en yodo del aire que inspiramos. ¿Qué pasó desde Chernóbil? ¿Acaso no está en progresión constante el cáncer de tiroides desde este accidente? El objetivo principal de esta obra es responder a las numerosas preguntas que surgen. Tras explicar con brevedad la anatomía y la fisiología de la glándula, pasaremos revista a determinadas disfunciones (hipertiroidismo o hipotiroidismo) o anomalías morfológicas (bocio y nódulos). Para cada condición médica describiremos las manifestaciones típicas y hablaremos sobre los tratamientos posibles.

Dicho esto, ¡vamos a descubrir juntos esta fabulosa pequeña gran glándula!

Anatomía y función de la glándula tiroidea

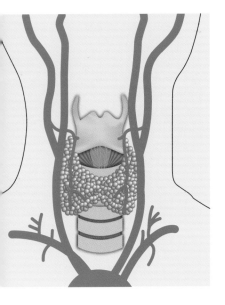

La tiroides es una glándula endocrina situada en la base del cuello. Solo pesa unos veinte gramos y normalmente no es ni visible ni palpable.

Pequeña gran glándula de la base del cuello

Tiene forma de mariposa, con dos alas laterales llamadas lóbulos de unos 5 cm de altura y 2 cm de longitud que están unidas por un istmo. La tiroides está situada sobre la tráquea y sube cuando tragamos.

Las cuatro glándulas paratiroides, del tamaño de un guisante, se sitúan detrás de los dos lóbulos. En caso de hipocalcemia, es decir, de tener una cantidad insuficiente de calcio en la sangre, estas glándulas ejercen una función de regulación. En efecto, elevan la tasa de calcio para llevarlas hasta el nivel normal. Dos de ellas están ocultas en la masa tiroidea y pueden dañarse en caso de intervención quirúrgica. La glándula tiroidea también está en contacto con los nervios recurrentes, dos pequeños nervios que dirigen la movilidad de las cuerdas vocales.

La tiroides está formada por un gran número de unidades funcionales llamadas «folículos», bordeadas de pequeños vasos. Cada folículo es una especie de saco que contiene un líquido amarillento:

la coloide. Los folículos son una verdadera trampa de yodo: captan con avidez el yodo y lo almacenan en la coloide.

Las hormonas tiroideas: T3 y T4

La tiroides produce dos hormonas tiroideas: la triyodotironina o T3 y la tetrayodotironina, también llamada tiroxina o T4. Para producirlas necesita un ácido aminado presente en la alimentación, la tirosina, y yodo. El yodo desempeña un papel fundamental en el metabolismo de las hormonas tiroideas, ya que es el principal componente: la T3 contiene tres átomos de yodo por molécula y la T4 contiene cuatro. La glándula tiroidea segrega sobre todo la T4. La T3 se obtiene principalmente por conversión de la T4 a nivel del hígado y el intestino. Solo entre el 10 y el 20% de la T3 se sintetiza directamente en la tiroides.

El papel esencial del yodo para la síntesis de las hormonas

Hasta finales del siglo XIX la insuficiencia de yodo en la alimentación presentaba importantes problemas de salud en Europa. Debido a esta carencia de yodo, los habitantes de zonas montañosas alejadas del mar eran víctimas de hipotiroidismo congénito. Ésta era la responsable de numerosos bocios y cretinismo. En numerosas regiones del mundo, como China y ciertas regiones de África y América del Sur, la carencia de yodo sigue suponiendo problemas de salud.

Yodo y alimentación

En la actualidad, los países industrializados sufren menos por falta de yodo gracias a la yodación sistemática de la sal de cocina y a la diversificación de la alimentación. La leche y los productos lácteos tienen una importante cantidad de yodo debido al empleo de fertilizantes ricos en el mismo y al uso de medicamentos veterinarios que lo contienen. El marisco y el pescado también son una gran fuente de este mineral. Sin embargo, sigue habiendo determinados segmentos de población, como los vegetarianos estrictos o las mujeres embarazadas o lactantes, que pueden tener insuficiencia de yodo incluso hoy en día.

Regulador central de nuestro organismo

En todas las etapas de la vida las hormonas tiroideas contribuyen al buen funcionamiento de los órganos

Consumo de energía

Las hormonas tiroideas intervienen en la producción de calor al actuar en el metabolismo de base, es decir, en el gasto de energía del organismo en estado de reposo. Al aumentar el metabolismo de base de todas las células del organismo, las hormonas tiroideas aumentan el consumo de oxígeno de todos los órganos. Corazón, músculos del esqueleto, hígado, riñones, cerebro… Ninguno queda excluido. De este modo, se eleva la temperatura corporal. En contrapartida, baja la tasa de hormonas tiroideas, por lo que el metabolismo de base se ralentiza. Así, si no hay suficientes hormonas tiroideas, como ocurre en el caso del hipotiroidismo, las personas tienen siempre frío e incluso tienen la piel fría.

Ritmo cardíaco

Por lo que se refiere al corazón, las hormonas tiroideas regulan el ritmo cardíaco. Si la tasa de hormonas tiroideas en la sangre baja demasiado, el ritmo cardíaco se ralentiza y se debilitan las contracciones del corazón. Por el contrario, en caso de exceso de hormonas tiroideas, el ritmo del corazón se acelera y las contracciones son más intensas.

Desarrollo del cerebro

Las hormonas tiroideas favorecen el desarrollo de las células cerebrales, las neuronas, y la formación de sinapsis a nivel del sistema nervioso central. Estas sinapsis permiten que las neuronas se comuniquen entre ellas.

Crecimiento de estatura

Por un lado, las hormonas tiroideas permiten que el cartílago se desarrolle, y por otro, favorecen la formación de los huesos del esqueleto. Por lo tanto, cuando a un niño le faltan hormonas tiroideas se expone a un retraso de crecimiento desde el punto de vista de la altura y el peso. En el caso del adulto las hormonas tiroideas contribuyen a la renovación del hueso. Si hay carencia de hormonas tiroideas, el proceso de renovación se ralentiza, mientras que se acelera en el caso de exceso.

Metabolismo de grasas y azúcares

Las hormonas tiroideas aumentan la sensibilidad de las células grasas en relación con diversas hormonas, sobre todo las catecolaminas. Quienes padecen hipotiroidismo no presentan suficientes hormonas tiroideas en la sangre y por lo tanto se eleva la tasa de colesterol, sobre todo del colesterol LDL, el «colesterol malo». El colesterol malo traspasa las paredes de las arterias hasta taparlas. De forma contraria, quienes padecen hipertiroidismo tienen demasiadas hormonas tiroideas y el colesterol baja.

El metabolismo de los azúcares depende también de las hormonas tiroideas. Los desarreglos de la glándula tiroidea pueden provocar que aparezca diabetes en determinadas personas predispuestas. Las personas que tienen diabetes severas pueden ver cómo se desequilibra su enfermedad diabética.

Papel de la tiroidea en el feto y el recién nacido

Las hormonas tiroideas maternales traspasan en parte la placenta. La aportación de una cantidad baja de T4 maternal es indispensable para el desarrollo del cerebro del feto. Una deficiencia en hormonas tiroideas en este momento preciso origina lo que se denomina cretinismo, es decir, un retraso del desarrollo mental y físico. A raíz del diagnóstico sistemático del hipotiroidismo en el momento del nacimiento, el cretinismo ha desaparecido en Europa occidental. Si no se hace un diagnóstico, una voz ronca, un estreñimiento tenaz, un carácter adormecido del niño y una piel excesivamente seca pueden dejar sospechar un hipotiroidismo.

Un frágil equilibrio

La función tiroidea está sometida a una regulación interna muy estricta, vía hipófisis e hipotálamo, pero también está sometida a influencias externas. La aportación de yodo del entorno, la interacción con ciertos medicamentos y la exposición a los rayos son otros muchos factores perturbadores que pueden provocar desarreglos en la glándula.

Retrocontrol: hipófisis e hipotálamo

En total hay cuatro hormonas que intervienen en el funcionamiento de la tiroides: la T4 y la T3, la tireoestimulina (TSH) y la tiroliberina (TRH). Estas cuatro hormonas están estrechamente vinculadas. En efecto, la segregación de las hormonas tiroideas (T3 y T4) la regula la TSH, producida por la hipófisis. La secreción de TSH queda regulada por la TRH, producida por el hipotálamo. Entonces se habla de eje hipotálamo-hipofisario.

Si las concentraciones sanguíneas de T4 o T3 disminuyen, la secreción de TSH aumenta. Como reacción, la glándula tiroidea es estimulada y segrega más T3 y T4. En contrapartida, si las concentraciones sanguíneas de T4 o T3 aumentan, la secreción de TSH disminuye y la glándula tiroidea queda temporalmente en reposo.

La hipófisis

Localizada en una pequeña cavidad ósea de la base del cráneo, la hipófisis es igualmente una glándula endocrina. Segrega diferentes hormonas, entre otras la tireoestimulante o TSH que regula la tasa de secreción de las hormonas tiroideas.

Transporte a través de los vasos

Las hormonas tiroideas circulan por la sangre y están vinculadas a las proteínas de transporte, sobre todo la TBG (Thyroxin Binding Globulin en inglés). Solo una pequeña parte de las hormonas tiroideas circula en estado libre. Ahora bien, son precisamente las fracciones libres las responsables del efecto biológico de las hormonas en los tejidos y en los órganos. Por esta razón, es importante medir las concentraciones de hormonas libres en la sangre para un diagnóstico. Las hormonas vinculadas quedan inactivas y su cuantificación, por sí sola, no permite realizar un diagnóstico correcto.

El hipotálamo

El hipotálamo está situado debajo de la hipófisis, al que está ligado por el tallo hipofisario. Esta estrecha conexión le permite controlar las secreciones hormonales de la glándula hipófisis a través de sus propias hormonas. Por ello, al segregar la tiroliberina (TRH), el hipotálamo influye directamente en la secreción que hace la hipófisis de TSH. Asimismo, el hipotálamo interviene también en nuestra conducta sexual y en nuestras emociones.

Efectos de un desarreglo en el organismo

Entre las afecciones de la tiroides se distingue el exceso de funcionamiento (o hipertiroidismo) y el defecto de funcionamiento (o hipotiroidismo). Los síntomas del hipertiroidismo son múltiples. Las personas jóvenes sufrirán más problemas de tipo nervioso como ansiedad, agitación, irritabilidad y temblores. Por el contrario, las personas más mayores son proclives a padecer problemas cardíacos como palpitaciones o alteraciones de ritmo cardíaco. Los síntomas de hipotiroidismo están, lógicamente, en las antípodas de los del hipertiroidismo: ritmo cardíaco ralentizado, estreñimiento, pusilanimidad, pérdida de peso, apatía y falta de ánimo.

¡Cuidado con los antisépticos!

En el recién nacido hay que tener mucho cuidado con la utilización de antisépticos yodados ya que los absorben la piel y las mucosas, pudiendo provocar una intoxicación de yodo e incluso hipotiroidismo.

Carencia de yodo

Es un hecho: hasta finales del siglo XIX la falta de yodo era la responsable de numerosos bocios y cretinismos, sobre todo en las regiones montañosas alejadas del mar. Sin embargo, no fue tan sencillo encontrar las causas.

El papel esencial del yodo

En 1820 un médico suizo llamado Coindet mostró que la administración de yodo en gotas era eficaz para el tratamiento de bocios. Entonces la venta de yodo era libre, así que las personas que padecían bocios, acudían enseguida a la farmacia. Sin embargo, determinados médicos evocaron los efectos nefastos que observaron en sus pacientes. Como respuesta, el doctor Coindet avanzó que el yodo, administrado en grandes cantidades, podía provocar ciertos síntomas. Fue la primera observación de hipertiroidismo provocada por una aportación excesiva de yodo.

Recomendaciones de la Organización Mundial de la Salud (OMS)

Puesto que la carencia de yodo es frecuente a escala mundial, la OMS recomienda desde hace varias décadas un suplemento en yoduro de potasio en alimentos de base como el pan, la leche, los cereales y la sal de cocina. En Europa, determinados países como Suiza, Austria, Finlandia, Suecia y Noruega han seguido las recomendaciones de la OMS y han constatado una disminución de la frecuencia de los bocios. En otros países como Francia, Bélgica y Alemania el consumo insuficiente de yodo no resulta tampoco raro. Esta carencia conlleva una estimulación permanente de la glándula tiroides.

Cantidades diarias recomendadas

Nuestras necesidades fisiológicas diarias deben quedar cubiertas por los alimentos que ingerimos. Las necesidades de yodo evolucionan en función de la edad. La cantidad alimentaria recomendada por los organismos internacionales es la siguiente:

- entre 0 y 12 meses: 50 µg;
- entre 1 y 6 años: 90 µg;
- entre 7 y 12 años: 120 µg;
- más de 12 años: 150 µg;
- embarazo y lactancia: 200 µg.

El yodo, indispensable para la síntesis de las hormonas tiroideas, lo aporta la alimentación. Se considera que una persona presenta una carencia de yodo cuando su ingestión es inferior a los 100 µg por día. Por debajo de este límite se pueden formar bocios. Se estima que en torno a 800 millones de personas de Asia, África y América del Sur padecen carencia de yodo frente a los 30 millones de Europa.

Alimentos ricos en yodo

El mar contiene una gran cantidad de yodo y lo mismo ocurre con los alimentos que se extraen del mismo. En efecto, el marisco y determinados pescados (bacalao, abadejo y salmón) son muy ricos en yodo. Entre otras fuentes de yodo, cabe citar la carne y los huevos. Determinadas verduras como las espinacas, el berro o la col también pueden aportar bastante yodo. Por el contrario, el agua de beber contiene muy poco.

Las embarazadas y los niños en primer lugar

Las personas más susceptibles a padecer carencia de yodo son las embarazadas y las que están en periodo de lactancia. Durante el embarazo la tiroides suele aumentar de volumen y más aún si ya estaba hipertrofiada. En determinadas poblaciones con carencia de yodo, los niños que nacen de madres con deficiencias de yodo suelen tener un coeficiente intelectual inferior a los niños de madres de la misma región a las que se les corrigió la carencia de yodo durante el embarazo.

Exceso de yodo

Al igual que ocurre con las carencias, el exceso de yodo puede provocar desarreglos de la glándula tiroidea. Los principales responsables son la alimentación, los medicamentos y los productos de contraste yodados.

Alimentos y medicamentos ricos en yodo

Un exceso de yodo debido al abuso de algas marinas o ciertos alimentos como el marisco puede pasar a menudo desapercibido. En ocasiones, las pruebas sanguíneas de la función tiroidea permiten detectar anomalías transitorias de la misma. Además, los alimentos industriales suelen llevar colorantes y conservantes ricos en yodo. Por lo general, un exceso de yodo de origen alimentario se elimina después de varios días de dejar de tomar el aporte yodado. Aún así, es posible que los alimentos yodados provoquen hipertiroidismos transitorios en pacientes que presentan un nódulo tiroideo autónomo.

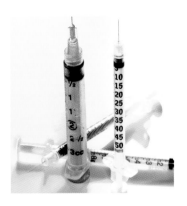

El principal inconveniente de los medicamentos ricos en yodo es que perturban el desarrollo de cualquier prueba de imagen médica que utilice isótopos radiactivos, como la escintigrafía. Entre estos medicamentos se encuentra el alcohol yodado, que se utiliza como antiséptico, y la amiodarona, empleada en el tratamiento de los problemas del ritmo cardíaco. La cantidad de yodo de estos productos puede ser muy variable, pero si se toman en cantidades moderadas, estas sustancias no tienen por qué provocar necesariamente un exceso de yodo.

Productos de contraste radiológico

La administración por vía intravenosa de un producto de contraste de eliminación rápida (que son los más utilizados) puede aportar hasta 5 ó 6 mg de yodo. Este exceso de yodo suele eliminarse por lo general en 2 ó 3 días. No obstante, pueden inducir a un hipertiroidismo en pacientes que presentan nódulos autónomos. Entre los productos de contraste de eliminación muy lenta el único que se utiliza en la actualidad es el Lipiodol® en el caso de las limfografías y mielografías. Con estos productos el exceso de yodo es masivo durante varios meses y a veces años, así que por eso se utilizan en escasas ocasiones.

¿Qué significa producto de contraste?

Determinadas pruebas de imagen médica necesitan recurrir a un producto de contraste para obtener resultados precisos. En función de la prueba, la sustancia puede ser administrada por vía oral, anal, vaginal o urinaria, pero también puede inyectarse por vía intravenosa o intraarticular. Gracias a este producto es posible contrastar artificialmente ciertas estructuras del cuerpo que no suelen distinguirse bien de las estructuras vecinas.

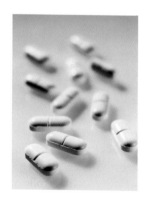

Yodo radiactivo y exceso de yodo

Las cantidades de yodo radiactivo 123 y 131 utilizadas con finalidades diagnósticas o terapéuticas son ridículas en comparación con la aportación alimentaria de yodo y, por lo general, no provocan exceso de yodo. En concreto el yodo radiactivo 123, poco radiante, se suele utilizar para realizar escintigrafías tiroideas o escintigrafías de cuerpo entero, mientras que el yodo 131 se utiliza en determinados tratamientos como el cáncer de tiroides o la enfermedad de Basedow.

Importancia de la ingestión inmediata de yodo en caso de accidente nuclear

En caso de accidente de una central nuclear, los elementos radiactivos presentes en el reactor amenazan con propagarse en el medioambiente. El yodo radiactivo absorbido puede fijarse en la glándula tiroidea, que lo capta con rapidez. Para remediarlo, la única solución que existe es consumir yodo estable en forma de yodo de potasio. La glándula tiroidea estará entonces saturada y no captará los elementos radiactivos.

Cuando la tiroides se embala: sus causas

Si bien el hipotiroidismo se caracteriza por la lentitud de todo el organismo, con el hipertiroidismo todo se acelera: el metabolismo de base, la producción de calor, el ritmo cardíaco, la combustión de grasas, etcétera.

La enfermedad de Basedow, la causa más frecuente

El término *hipertiroidismo* reagrupa a un conjunto de síndromes que se producen como resultado de la secreción de una gran cantidad de hormonas tiroideas. Esta producción de hormonas acumuladas provoca un hiperfuncionamiento de todo el organismo: todo funciona demasiado y demasiado rápido. Las causas del hipertiroidismo pueden ser múltiples, pero en la mayoría de los casos, el hiperfuncionamiento de la glándula es debido a la enfermedad de Basedow, también conocida bajo el nombre de enfermedad de Graves.

En el transcurso de la enfermedad de Basedow, los folículos tiroideos captan en abundancia el yodo y la síntesis de hormonas tiroideas se acumula. Se trata de una enfermedad autoinmune a partir de la cual la tiroides produce anticuerpos que estimulan su propio funcionamiento al hacer cortocircuito en los mecanismos de control habituales. Estos anticuerpos antitiroideos pueden detectarse en la sangre. Por último, cabe mencionar que esta enfermedad se acompaña a veces de problemas oculares.

La tiroiditis, otra causa de hipertiroidismo

La tiroiditis de de Quervain se caracteriza por una inflamación del tejido de la tiroides, probablemente de origen viral. A menudo tiene su origen en una rinofaringitis o una «gran gripe» que va sobreviviendo y manifestándose en pequeñas epidemias hacia finales de primavera o principios de verano. Los síntomas son dolores fuertes en la garganta y una intensa fatiga. Suele afectar más a mujeres que a hombres. Un examen clínico en profundidad permite encontrar la glándula tiroidea hinchada y dolorosa. No es extraño que venga acompañada de un hipertiroidismo en un principio. La evolución suele ser favorable de manera natural.

Causas menos frecuentes de hipertiroidismo

El adenoma tóxico se define como un nódulo tiroideo aislado que puede acabar secretando una cantidad de hormonas 100 veces superior al resto de la glándula tiroides. Por sus síntomas, el adenoma tóxico puede ser confundido con la enfermedad de Basedow, pero la diferencia es que no ocasiona problemas oculares ni anticuerpos antitiroideos en la sangre.

- Las tiroiditis, inflamaciones agudas de la glándula de origen infeccioso o autoinmune, suelen provocar hipertiroidismo en un primer momento de su evolución. El hipertiroidismo iatrogénico o por automedicación lo favorece la utilización de determinados medicamentos como los antisépticos yodados o la amiodarona. A menudo, esta forma de hipertiroidismo se da en personas que ya tenían un volumen de glándula tiroidea ligeramente aumentado antes de la administración del producto yodado. Como ocurre en el adenoma tóxico, el paciente no sufre ningún problema ocular.
- El hipertiroidismo facticio se manifiesta después de la absorción de hormonas tiroideas, generalmente con la finalidad de perder peso. Una publicación japonesa reciente menciona numerosos casos de hipertiroidismo en consumidores de hierbas chinas destinadas a adelgazar. Por eso hay que tener en cuenta que el hipertiroidismo facticio es sin duda un medio eficaz para perder peso, pero a su vez expone a la persona a todos los problemas que desencadena un exceso de hormonas tiroideas. Algunos de los problemas pueden ser alteraciones del ritmo cardíaco, nerviosismo, osteoporosis, etcétera. Además, la pérdida de tejido muscular es más importante que la pérdida de tejido graso. Pese a la evidencia, muchos pacientes refunfuñan cuando se les recomienda dejar de tomar hormonas tiroideas.

La enfermedad de Basedow

Bajo este oscuro nombre se esconde una enfermedad que describió por primera vez el médico alemán Carl von Basedow en 1840. Ataca principalmente a la mujer de mediana edad y se origina debido a un funcionamiento excesivo de la glándula tiroidea. Suele afectar a los ojos y también es posible que ataque a las piernas con mixedema pretibial.

Disfunción del sistema inmunitario

La enfermedad de Basedow es la variedad más frecuente de hipertiroidismo y su origen es autoinmune, es decir, que el sistema inmunitario del paciente fabrica anticuerpos dirigidos contra sus propios tejidos, en este caso de los constituyentes de la glándula tiroides. Estos autoanticuerpos estimulan la síntesis y la liberación de hormonas tiroideas y son responsables de la aparición de hipertiroidismo, pero también de otras anomalías como por ejemplo problemas oculares y manifestaciones a nivel de la piel y de los músculos. Los autoanticuerpos también atacan los tejidos situados en la parte posterior de los ojos así como la piel y los músculos de las piernas.

Se le han atribuido diferentes nombres en función de su acción. El único anticuerpo que se administra es el anticuerpo «antirreceptor de la TSH» o TRAK. Durante el transcurso de la enfermedad, la glándula tiroidea es a la vez el órgano que produce estos anticuerpos y el órgano punto de mira al que atacan los anticuerpos. Esto explicaría por qué una tiroidectomía quirúrgica supone la desaparición de estos anticuerpos y la curación de la enfermedad. Cabe añadir que la enfermedad de Basedow puede estar asociada a otras enfermedades autoinnmunes como la diabetes juvenil, también llamada diabetes insulinodependiente.

Algunas cifras

La edad media de aparición de la enfermedad es alrededor de los 40 años. Afecta a 10-20 personas sobre 100.000 por año en Europa. Es relativamente frecuente, ya que entre un 1 y un 2% de las mujeres la padecen a lo largo de su vida. Es muy probable que haya una predisposición genética, ya que la enfermedad es más frecuente en determinadas familias. En determinados casos parece que la desencadena el estrés o una agresión de origen psicoafectivo, como un duelo o problemas importantes. Un aporte excesivo de yodo también puede tener que ver. Asimismo, los factores víricos podrían contribuir al desarrollo de la enfermedad.

La exoftalmia, un signo dominante

En casos típicos, la enfermedad afecta a las mujeres jóvenes de entre 30 y 50 años. Notan que adelgazan, están temblorosas, nerviosas y tienen las manos húmedas. Los principales signos clínicos de la enfermedad incluyen bocio, hipertiroidismo y manifestaciones oculares, siendo la más típica la exoftalmia (los ojos salen literalmente de las órbitas). La exoftalmia puede afectar a un ojo o a los dos y la diferencia puede ser notable. Se trata de una inflamación del ojo en la que el paciente tiene la impresión de tener arena bajo los párpados, además de lagrimeo y picor. Los conjuntivos están enrojecidos.

Los signos y los síntomas del hipertiroidismo

La mayoría de los signos testimonian la presencia excesiva de hormonas tiroideas en la sangre y su actividad en distintos tejidos y órganos.

Palpitaciones y adelgazamiento

Frecuentes en caso de hipertiroidismo, los problemas de ritmo cardíaco se manifiestan por una sensación de pulso muy rápido, con más de 100 pulsaciones por minuto, es decir, taquicardias. El ritmo cardíaco puede llegar a ser completamente anárquico, de modo que la aurícula pierde su poder de control del ritmo del ventrículo. En este caso se produce una fibrilación auricular. Un ritmo cardíaco excesivamente rápido, sea o no regular, entraña a la larga un jadeo creciente para realizar cualquier tipo de esfuerzo. Pueden incluso sucederse crisis de ansiedad, que reflejan una irrigación insuficiente del músculo cardíaco. A menudo el primer síntoma de la enfermedad es la pérdida de peso, que puede llegar a varios kilos por semana. El paciente come igual (o incluso más) y, sin embargo, no deja de adelgazar. Este adelgazamiento viene acompañado de un tránsito intestinal acelerado que provoca diarreas. Además, el pa-

ciente tiene la cara demacrada y los muslos y piernas cada vez más débiles debido a la pérdida muscular. Esta pérdida explica al menos en parte las dificultades que pueden tener algunas personas para levantarse de una silla.

Problemas nerviosos e intolerancia al calor

Los problemas nerviosos se resumen en ocasiones en problemas menores de carácter. De este modo, una persona que normalmente es tranquila y serena puede llegar a estar irritable y a ser emocionalmente inestable. En determinados pacientes, la irritabilidad inicial evoluciona hacia una depresión en mayúsculas. Se puede observar a menudo un temblor discreto en las manos, agravado por la toma de café o tabaco. Se trata de un temblor muy pequeño que se va amplificando al realizar determinados gestos de la vida corriente como firmar un cheque o llevarse una taza de café a la boca. Los problemas de sueño también suelen ser muy frecuentes cuando existe hipertiroidismo. En ocasiones se observan crisis de angustia y paranoia.

Las personas que padecen hipertiroidismo pueden sudar y transpirar en abundancia, por lo que acostumbran a tener las manos húmedas. Esto se debe a problemas de regulación térmica en el organismo. Además, hay pacientes que desarrollan termofobia, es decir, que para ellos el calor resulta infernal e incluso insoportable. Es importante advertir que todos estos signos que pueden observarse en casos de hipertiroidismo rara vez se dan a la vez en un solo enfermo.

Las hormonas tiroideas implicadas en las funciones vitales

Las hormonas tiroideas están implicadas en todas las funciones vitales del organismo: funciones mentales, regulación del peso corporal, tránsito intestinal, regulación de la temperatura corporal, ritmo cardíaco, calidad de los tejidos cutáneos, del vello, del pelo y de las uñas. De este modo, es fácil comprender que todo desequilibrio hormonal, ya sea por exceso o por defecto, tiene una repercusión en todo el organismo.

¿Cómo llega el médico a un diagnóstico?

El diagnóstico de hipertiroidismo recae en los signos clínicos y los síntomas de la enfermedad, así como en los resultados de los exámenes biológicos. Gracias al carácter superficial de la glándula, la tiroides se presta también a exámenes ecográficos.

Diagnóstico clínico

Palpando la glándula tiroidea, el médico busca la presencia de un bocio o un nódulo. Un examen clínico completo también tendrá la finalidad de detectar determinados

Principio de retrocontrol negativo

Las hormonas tiroideas son dos: la T4, que contiene cuatro átomos de yodo, y la T3, que contiene tres. La tiroides está gobernada por la hipófisis, que a su vez recibe la influencia del hipotálamo. En efecto, el hipotálamo segrega una hormona, la TRH, que estimula la tiroestimulina hipofisaria (TSH). De este modo se pasa de la TRH a la TSH y de la T4 a la T3. Este sistema está fundamentado en el principio de retrocontrol negativo: cuando las concentraciones de hormonas tiroideas se elevan en la sangre, las hormonas T3 y T4 bloquean la secreción de TSH. Este bloqueo solo se retira cuando el nivel de hormonas vuelve a bajar en la sangre. En caso de problemas de la función tiroidea conviene dosificar la TSH. En efecto, el primer signo biológico de hipertiroidismo es que baje la TSH. Por el contrario, un aumento de la TSH hace sospechar de hipotiroidismo o de un bajo funcionamiento de la glándula.

signos clínicos como la presencia de exoftalmia. A continuación exponemos otros signos y síntomas que pueden denotar la presencia de hipertiroidismo:

- palpitaciones cardíacas y un pulso rápido;
- problemas de ritmo cardíaco y fibrilación auricular;
- problemas de carácter, ansiedad e irritabilidad;
- problemas para conciliar el sueño y temblores;
- transpiración e intolerancia al calor;
- pérdida de peso a pesar de tener un mayor apetito;
- aceleración del tránsito intestinal;
- fatiga, debilidad muscular y pérdida de masa muscular.

El equilibrio hormonal

El médico no puede emitir un diagnóstico definitivo de hipertiroidismo basándose sólo en los síntomas. Por ello, le pedirá al paciente que se someta a un estudio hormonal. Si padece hipertiroidismo los análisis de sangre revelarán una disminución de la tasa de TSH, que es constante, asociada a un aumento de la T4 libre. Estos dos datos permiten hacer un diagnóstico de hipertiroidismo en un 95% de los casos.

La ecografía

Realizada al pasar una sonda de ultrasonidos por el cuello, este examen permite visualizar la glándula tiroidea y los posibles nódulos y precisar sus dimensiones. En presencia de nódulos, la ecografía permite distinguir los nódulos líquidos, que son siempre benignos, de los sólidos o mixtos.

¿Cómo evoluciona la enfermedad?

En ausencia de tratamiento, la enfermedad evoluciona por impulsos entrecortados de remisión. Aunque en algunos casos se produce la curación espontánea, también es cierto que suele haber complicaciones.

Las complicaciones cardíacas

Los problemas de ritmo cardíaco suelen observarse frecuentemente en el caso de hipertiroidismo sin tratar, sobre todo cuando hay fibrilación auricular. Se caracteriza por una contracción anárquica de la aurícula, lo que lleva a una contracción irregular de los ventrículos. El paciente sufre crisis de palpitaciones de una duración variable. Muy resistente a los tratamientos clásicos, la fibrilación auricular vinculada al hipertiroidismo necesita ante todo seguir un tratamiento médico apropiado a base de antitiroideos de síntesis.

Los problemas oculares relacionados

En caso de enfermedad de Basedow, entre el 25 y el 50% de los pacientes son víctimas de problemas oculares. Así, la exoftalmia, unilateral o bilateral, es provocada por un espesor de la grasa de la órbita, lo que hace que el ojo quede adelantado. En los casos más graves puede incluso impedir que los párpados se cierren por completo y acabar originando lesiones de córnea. Los daños oculares no evolucionan siempre en paralelo a otros desarreglos hormonales. En determinados casos se observa una parálisis de los músculos del ojo, lo que supone una desviación del mismo con la aparición de diplopia o visión desdoblada.

El tratamiento debe iniciarse lo antes posible y, en cualquier caso, hay que dejar de fumar de inmediato. En los casos más severos hay que recurrir a la cirugía haciendo una sutura parcial de los párpados para poder conservar la córnea, cirugía de decomprensión y, cuando se producen secuelas importantes, cirugía plástica.

El mixoedema pretibial

Otro componente de la enfermedad de Basedow, el mixoedema pretibial, es bastante raro. Consiste en una infiltración de la piel de los miembros inferiores del cuerpo que se traduce en la aparición en la cara externa de las piernas de pápulas rosadas o amarillentas que forman un relieve parecido al de la piel de naranja. En ocasiones las lesiones se extienden sobre todo el contorno de las piernas y se aglutinan formando nódulos, en especial a la altura del tobillo y en la parte posterior de los dedos del pie. Excepcionalmente estas lesiones pueden observarse también en los miembros superiores.

La cardiotireosis

El término *cardiotireosis* designa el conjunto de complicaciones cardíacas que se desencadenan durante el desarrollo de la enfermedad de Basedow. A su vez se asocian a dificultades respiratorias, palpitaciones, contracciones anormales del músculo cardíaco, una aceleración del ritmo del corazón y una arritmia total. A la larga, estas manifestaciones cardíacas pueden entrañar la aparición de una insuficiencia cardíaca.

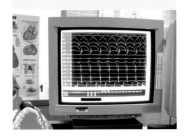

Complicaciones musculares y óseas

Las personas afectadas de hipertiroidismo pueden perder masa muscular, hecho que puede ir acompañado de dolores. La debilidad muscular se puede evidenciar por lo que se conoce como el signo del taburete: el paciente no puede levantarse del taburete sin la ayuda de las manos. Este signo se traduce en una pérdida muscular predominante a nivel de los hombros y la cadera.

La osteoporosis

La osteoporosis corresponde a una fragilidad excesiva del esqueleto, vinculada a una disminución de la masa ósea y a una alteración de la microarquitectura de los huesos. Las personas que la padecen están expuestas a un riesgo mayor de fractura y suele haber una disminución de su talla. En efecto, las vértebras se debilitan, lo que supone una curvatura de la espalda. Además, las vértebras, al estar apisonadas, también pueden causar intensos dolores.

Los medicamentos para corregir el hipertiroidismo

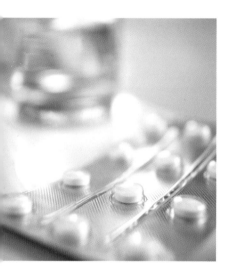

El hipertiroidismo no es una fatalidad, puesto que los enfermos tienen a su disposición diferentes tratamientos que les permiten llevar una vida normal. Entre los medicamentos más conocidos, los antitiroideos de síntesis están en primer rango al conseguir bloquear distintas etapas de fabricación de las hormonas tiroideas.

Los antitiroideos de síntesis

En caso de hipertiroidismo lo primero es prescribir un tratamiento médico. Consiste en tomar durante 18 meses un medicamento destinado a frenar la producción de hormonas de la glándula tiroidea. El efecto del tratamiento empezará a notarse al cabo de dos semanas. A menudo se prescribe carbimazol en una dosis de 20 a 60 mg (entre uno y tres comprimidos) por día, du-

El embarazo y el tratamiento de antitiroideos de síntesis

Cuando una mujer que recibe un tratamiento a base de antitiroideos de síntesis se da cuenta de que está embarazada debe comunicárselo enseguida a su médico. Así se podrá realizar un seguimiento de su embarazo. Aún así, la ingesta de medicamentos se reducirá al mínimo hasta el alumbramiento y se realizará un control minucioso durante todo el embarazo.

rante cuatro-seis semanas, una duración necesaria para bloquear la producción de hormonas de la glándula. Los comprimidos deben tomarse con las comidas para evitar problemas digestivos. Aquellos pacientes que toleran mal el carbimazol pueden tomar un sustituto a base de tiouracilo, el benciltiouracilo. Este agente bloquea la transformación de T4 a T3 mediante los tejidos periféricos.

Durante el tratamiento será necesario reajustar las dosis de antitiroideos en función de las necesidades del paciente. A menudo el médico prescribe también hormonas tiroideas en paralelo para evitar hipotiroidismo. En el momento en el que finaliza el tratamiento hay que hacer un seguimiento de la evolución, ya que el hipertiroidismo puede reaparecer. De ser así, el médico prescribirá otro tratamiento a base de antitiroideos de síntesis. No obstante, el tratamiento no debe seguirse de forma constante. Si vuelve a aparecer habrá que escoger otro método de tratamiento, como el yodo radiactivo o incluso la cirugía.

Control de la eficacia del tratamiento

Si le recetan antitiroideos de síntesis el médico velará para que el tratamiento sea eficaz. Para ello, controlará sobre todo el pulso y el peso. Además, gracias a los análisis de sangre podrá garantizar que bajan las hormonas tiroideas. La propia persona se da cuenta de la mejoría, ya que los síntomas van disminuyendo paulatinamente. Al principio del tratamiento los análisis de sangre también ayudan a seguir la evolución de los glóbulos blancos. En caso de que haya una disminución importante habrá que interrumpir el tratamiento.

Efectos indeseados y contraindicaciones

Entre los efectos indeseados más frecuentes de los antitiroideos de síntesis están las reacciones alérgicas a nivel cutáneo, problemas digestivos y un fenómeno más raro, una disminución de la fabricación de glóbulos blancos llamada neutropenia a nivel de la médula ósea. Para detectar a tiempo esta neutropenia es necesario hacer análisis de sangre cada 10 días durante los dos primeros meses de tratamiento. En caso de fiebre elevada, hay que consultar de inmediato al médico porque quizás sea necesario detener el tratamiento. Después de los dos primeros meses de tratamiento el riesgo de neutropenia es bajo.

Hay que saber también que estos medicamentos no pueden prescribirse en todos los casos. Algunos están contraindicados en embarazadas, ya que podrían atravesar la placenta y bloquear la síntesis de hormonas tiroideas en el feto, lo que podría tener graves repercusiones.

Otras opciones de tratamiento

Entre otros tratamientos conviene citar el yodo radiactivo. Asimismo, los betabloqueantes o antiálgicos tienen el objetivo, ante todo, de atenuar determinados síntomas como palpitaciones cardíacas, temblores y dolores musculares. Las benzodiacepinas suelen prescribirse durante periodos cortos para favorecer el sueño y apaciguar la ansiedad.

Destrucción de las tiroides mediante yodo radiactivo

El tratamiento con yodo radioactivo es sencillo, pero no está indicado en todos los pacientes. Consiste en administrar yodo radioactivo que, al fijarse a la glándula tiroides, bloquea su actividad. El yodo 131 se utiliza para destruir el tejido tiroideo mediante irradiación local. Sin embargo, los resultados de dicho tratamiento no son patentes hasta pasadas varias semanas o incluso varios meses. Se trata de un tratamiento indoloro que no puede emplearse con pacientes que presenten una exoftalmia grave, ya que podría acentuar los síntomas.

Al cabo de unos años, cerca de la mitad de los pacientes tratados con yodo radioactivo manifiestan hipotiroidismo secundario. En estos pacientes se advierte una

Principio del tratamiento con yodo radiactivo

Se trata de un tratamiento radical que no permite recaída. Consiste en tomarse una cápsula con yodo 131. También es posible administrarlo por vía intravenosa. La dosis necesaria varía en función de la tasa de fijación de yodo que muestra la glándula y será más fuerte cuanto más voluminosa sea la tiroides.

Este yodo emite una radiación radiactiva de un milímetro. La repartición del yodo en la glándula tiroides es muy desigual. Hay células de la glándula que mueren enseguida en las semanas o meses posteriores al tratamiento porque han captado el yodo y han sido suficientemente irradiadas. En cambio hay otras que mueren mucho más tarde, a veces pasadas décadas desde el tratamiento inicial.

disminución del ritmo cardíaco y un mayor grosor de la piel de la cara y del cuello, que adquiere una textura cerosa. Es importante que el hipotiroidismo se diagnostique y se trate correctamente. Ante esta situación, conviene indicarle al médico los síntomas y, de confirmarse el hipotiroidismo, el especialista administrará un suplemento hormonal.

El tratamiento con yodo radiactivo se suele proponer a pacientes de más de 35-40 años y a mujeres que ya no deseen tener hijos. De hecho, la razón es la existencia de un riesgo potencial de anomalías genéticas. Por esa causa, la administración de yodo radioactivo en la mujer en periodo de actividad genital necesita ir acompañado de un anticonceptivo eficaz hasta los seis meses posteriores a la irradiación.

Analgésicos y betabloqueantes

Los betabloqueantes, al detener la acción de la adrenalina en el corazón, los vasos y otros tejidos, reducen el ritmo cardíaco y atenúan además las palpitaciones y los temblores.

Si padece dolores musculares, la toma de antiálgicos como el paracetamol permite aliviarlos o incluso hacerlos desaparecer. El uso corriente de paracetamol se explica por su buena tolerancia, pero no hay que olvidar que está contraindicado en personas que padecen enfermedades graves del hígado. En raras ocasiones puede ser el origen de reacciones alérgicas a nivel cutáneo. Hay que tener en cuenta que hay muchas especialidades que contienen paracetamol y que si se toma en exceso puede ser tóxico para el hígado. En el adulto, no hay que superar los 3 g de paracetamol por día sin prescripción médica.

A descansar

En caso de hipertiroidismo el organismo consume mucha energía porque funciona demasiado deprisa. Eso hace que aparezcan síntomas como fatiga, agitación intensa, susceptibilidad aguda, dificultad para dormir, etcétera. ¡Hay que tener paciencia! En efecto, paralelamente a los medicamentos recetados, el descanso y la tranquilidad son muy benéficos. Hay que huir de las situaciones estresantes sin rechazar nunca el apoyo del entorno.

En ocasiones no queda más remedio que someterse a cirugía

En caso de fracaso del tratamiento médico, el quirúrgico permite una curación rápida. En función de la causa del hipertiroidismo, el cirujano retirará una parte mayor o menor de la glándula.

La tiroidectomía: la ablación de la tiroides

En caso de enfermedad de Basedow la ablación es casi total, mientras que en el caso de adenoma es solo parcial. La intervención quirúrgica se efectúa bajo anestesia general. Se hace una incisión horizontal en la base del cuello que solo deja una pequeña cicatriz. La operación no entraña pérdida sanguínea notable y por lo tanto no se necesitan transfusiones. Suele durar entre 2 y 3 horas.

La tiroidectomía subtotal entraña habitualmente la aparición de un hipotiroidismo definitivo que requerirá un tratamiento de sustitución. Tenemos que recordar que las hormonas tiroideas son dos: la T3 y la T4. Después de la ablación de la tiroides, por lo general se necesita tomar T4 que después el organismo transformará en T3. La dosis que el médico prescriba dependerá de la edad y del peso. No siempre es fácil encontrar

Preparación para la operación

Antes de operar es necesario normalizar el nivel sanguíneo de hormonas tiroideas. Con esta finalidad se prescriben antitiroideos de síntesis durante uno o dos meses. Cuando los niveles han bajado lo suficiente, entonces puede prepararse la intervención.

la dosis apropiada y a veces hay que hacer algunos tanteos.

Como en cualquier intervención quirúrgica, la tiroidectomía puede complicarse y dar lugar a pequeñas hemorragias, infecciones de la herida o dificultades de cicatrización. Por si fuese poco, hemos de añadir complicaciones particulares vinculadas a la presencia del nervio recurrente y las glándulas paratiroides, situadas detrás de cada lóbulo de la tiroides.

Problemas de la voz

La intervención puede a veces entrañar una parálisis del nervio recurrente o nervio de la voz. Se trata del nervio motor de las cuerdas vocales. Por eso a veces la voz parece ronca y débil durante algunas semanas. Si le cambia la voz tras la operación, seguramente será solo transitoriamente. La recuperación se puede acelerar prescribiendo algunas sesiones de reeducación de la voz, que casi nunca son necesarias.

Bajada de calcio en la sangre

Puesto que la intervención se lleva a cabo en los dos lóbulos de la tiroides, puede producirse una disminución de calcio que a su vez causa hormigueo en la boca, las manos y los pies. Esta caída de calcio se explica porque las glándulas paratiroides, pegadas a las tiroides, tienen que recuperarse de la minuciosa disección realizada por el cirujano para conservarlas.

Por lo general, los síntomas son transitorios y solo duran unos días o semanas. Ahora bien, puede que sea necesario tomar calcio vía oral durante un corto periodo.

En resumen, cuando se realiza una intervención quirúrgica en las glándulas tiroides se corren ciertos riesgos, pero estos son bajos y las complicaciones definitivas son muy raras.

Tratamiento hormonal de sustitución

La ablación de una parte de la glándula tiroidea impide a veces a la parte restante de la glándula secretar suficientes hormonas T4 y T3. En este caso hay una situación de hipotiroidismo y los síntomas que se padecían antes se dan ahora pero en sentido inverso: ritmo cardíaco ralentizado, estreñimiento, pusilanimidad y, lo que preocupa a mucha gente, aumento de peso. Un tratamiento a base de hormonas tiroideas de síntesis controlará estos problemas. Una vez la dosis se ajuste bien, el peso volverá a la normalidad. Aún así, habrá que hacer análisis de sangre con regularidad para vigilar los niveles hormonales en sangre. Habrá que corregir el tratamiento de manera que los niveles no sean ni demasiado elevados ni demasiado bajos. Con el tiempo, determinados síntomas como la pusilanimidad o los ataques de calor revelarán que ha llegado el momento de volver a verificar los niveles sanguíneos.

Cuando la tiroides funciona ralentizada

Mientras que el hipertiroidismo se manifiesta mediante una aceleración de todos los procesos biológicos, en el hipotiroidismo todo el organismo (el metabolismo base, la producción de calor, el ritmo cardíaco, el tránsito intestinal, la combustión de grasa, etcétera) funciona más lento de lo normal.

El término *hipotiroidismo* agrupa a un conjunto de síndromes que son el resultado de una secreción insuficiente de hormonas tiroideas. Se distinguen dos formas de hipotiroidismo: el hipotiroidismo primario y el hipotiroidismo secundario. En el primer caso, la carencia de hormonas tiroideas se debe a un mal funcionamiento de la propia glándula tiroidea. En cambio, en el hipotiroidismo secundario hay un daño de la hipófisis o del hipotálamo. También se puede hablar de hipotiroidismo de origen central.

Las enfermedades autoinmunes suelen ser una causa frecuente

Lo más común es que el hipotiroidismo se deba a un ataque de la glándula por parte del sistema inmunitario del organismo. Hay dos enfermedades autoinmunes que suelen ser las responsables de una insuficiencia de funcionamiento de la tiroides: la tiroiditis de Hashimoto y el mixoedema atrófico.

La tiroiditis de Hashimoto cada vez es más frecuente y afecta sobre todo a las mujeres de mediana edad, presentando bocio. Esta enfermedad suele empezar con un hipertiroidismo acompañado de problemas oculares. Poco a poco evoluciona hacia un hipotiroidismo. Por su parte, el mixoedema atrófico es otra enfermedad autoinmune asociada a tasas elevadas de anticuerpos antitiroideos en la sangre. Contrariamente a la enfermedad de

Frecuencia del hipotiroidismo primario

El hipotiroidismo primario afecta a un 0,4 % de la población general y en torno a un 1 % de la población mayor. Las mujeres, después de la menopausia, son especialmente proclives a esta forma de hipotiroidismo.

Hashimoto, los pacientes no presentan nunca bocio. La glándula tiroidea es de tamaño pequeño. El hipotiroidismo suele ser definitivo y por eso debe tomarse un tratamiento de sustitución.

Otras formas de hipotiroidismo

El hipotiroidismo de posparto es seguramente bastante frecuente pero muchas veces se desconoce. Su incidencia es de un 2%. Esta forma de hipotiroidismo afecta a las mujeres que han dado a luz y aparece entre los tres y los ocho meses posteriores al nacimiento del bebé. Puede ser también responsable de los «estados depresivos» que padecen algunas jóvenes mamás. Se podría decir, en efecto, que el hipotiroidismo de posparto refleja unos estados agravados de una tiroiditis autoinmune preexistente. Normalmente el hipotiroidismo solo es transitorio y se cura espontáneamente. En contrapartida, un 30% de las mujeres que ya lo han padecido suelen volver a enfrentarse al hipotiroidismo en embarazos posteriores.

Un problema frecuente en las personas mayores

Tanto en los niños como en los adultos, las personas mayores que padecen hipotiroidismo pueden presentar signos típicos de la enfermedad: pusilanimidad, piel fría y seca, voz ronca, aumento de peso pese a una pérdida del apetito, etcétera. Sin embargo, los síntomas a veces son menos marcados y en ocasiones ni se producen, por lo que el diagnóstico puede ser difícil. En las personas mayores, el hipotiroidismo puede manifestarse por complicaciones adicionales como insuficiencia cardíaca, depresión mental o alucinaciones. Los problemas de memoria pueden parecer normales en personas mayores, pero hay que tener en cuenta que es posible que sean el primer síntoma de hipotiroidismo.

Para tratar la enfermedad el médico prescribirá un tratamiento de sustitución de dosis muy progresivas repartidas en varias semanas e incluso meses. Además, los pacientes deberán hacerse electrocardiogramas regulares a modo de control. Aquellas personas que padezcan angina de pecho deberán someterse a un tratamiento mucho más controlado.

Hipotiroidismo iatrogénico

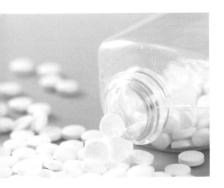

En determinados casos el hipotiroidismo puede estar provocado por un tratamiento médico a base de antitiroideos de síntesis, yodo radiactivo o medicamentos que contienen yodo. La cirugía y extirpación (total o parcial) de la glándula tiroidea también puede estar en el origen del hipotiroidismo.

Antitiroideos de síntesis

Los antitiroideos de síntesis empleados para combatir la enfermedad de Basedow pueden dar lugar a un hipotiroidismo durante los primeros meses de tratamiento si los medicamentos se toman en dosis demasiado elevadas. En este caso, se pueden presentar a la vez signos de hipertiroidismo y de hipotiroidismo. De este modo se puede padecer a la vez estreñimiento y una transpiración abundante. En general, el médico disminuye las dosis de antitiroideos de síntesis para solucionar el trastorno. Si resultase insuficiente, prescribirá un tratamiento de sustitución de hormonas tiroideas.

Cirugía

Cuando se produce una ablación de la glándula tiroidea, el hipotiroidismo se da en función de la cantidad de tejido tiroideo retirado. La extirpación total de la

El interferón

Este medicamento, extensamente utilizado para tratar las hepatitis B y C, también puede estar en el origen de tiroiditis autonimune en las que con el tiempo puede aparecer un hipotiroidismo. En principio, el hipotiroidismo es reversible y con suspender el tratamiento basta para normalizar el equilibrio de las tiroides.

glándula lleva necesariamente a un hipotiroidismo. En caso de ablación parcial, el hipotiroidismo no suele aparecer hasta 3 ó 4 semanas después de la operación. Si se manifiestan síntomas de hipotiroidismo el médico propondrá un tratamiento hormonal de sustitución.

Yodo radiactivo y otros medicamentos

Después del tratamiento con yodo 131 para combatir la enfermedad de Basedow, puede instalarse rápidamente el hipotiroidismo, pero también es posible que no aparezca hasta pasados unos años. A veces es solo transitorio y no hace falta un tratamiento de sustitución si el paciente soporta bien el hipotiroidismo. Sin embargo, en otros casos es inevitable recurrir a una sustitución hormonal.

Numerosos medicamentos que contienen yodo pueden provocar desarreglos de la glándula tiroides. Normalmente el exceso de yodo suele provocarlo la amiodarona, utilizada para tratar determinados problemas de ritmo cardíaco. Si el medicamento se toma durante un periodo prolongado la cantidad de yodo circulante se multiplica por 40. Este exceso de yodo puede perturbar el funcionamiento normal de la glándula tiroidea, por lo que suele observarse hipotiroidismo en entre el 10 y el 30% de los pacientes tratados con amiodarona, sobre todo si son mujeres. Por lo general, el hipotiroidismo aparece durante los 18 primeros meses del tratamiento y, por lo tanto, debe detenerse el tratamiento con amiodarona. Aún así, si el tratamiento con amiodarona es indispensable, hay que asociarle un tratamiento sustitutivo con levotiroxina.

Litio e hipotiroidismo

Este medicamento se utiliza en el tratamiento de problemas graves de humor como los maníacodepresivos. Según las estadísticas, entre un 8 y un 30% de los pacientes tratados con litio padecen hipotiroidismo, ya que el litio interfiere con el metabolismo de las hormonas tiroideas. El hipotiroidismo puede acompañarse de un bocio moderado y difuso. Ahora bien, el tratamiento con litio puede seguirse si se asocia un tratamiento sustitutivo con levotiroxina. Raramente el tratamiento con litio debe ser suprimido y reemplazado por otro medicamento.

El hipotiroidismo ralentiza todo el organismo

El hipotiroidismo en el que se dan todos y cada uno de los signos característicos es poco frecuente. Cuando se instala, los signos suelen ser discretos, pero a lo largo de la evolución de la enfermedad van cobrando importancia.

Signos distintivos

Los pacientes están siempre cansados, les falta ánimo y tienen mucho sueño. A menudo engordan a pesar de tener poco apetito. Su tránsito intestinal es lento y suelen tener estreñimiento. Además tienen frío y no lo soportan bien. Tienen el cabello y las uñas frágiles y la piel seca.

El hipotiroidismo también puede tener repercusiones a nivel neuropsíquico, puesto que muchos pacientes manifiestan también lentitud intelectual acompañada de problemas de memo-

La ecografía, un buen medio de visualizar la tiroides

La ecografía cervical es un examen del cuello que utiliza los ultrasonidos para obtener información relevante sobre las dimensiones de la glándula y la presencia de nódulos. De detectarlos, podría precisar el número, las dimensiones e incluso la naturaleza de su contenido (sólido o líquido) durante el examen. Los resultados se anotan en un esquema. Se trata de una exploración indolora que no necesita productos radiactivos. Por ello, puede repetirse en intervalos regulares.

ria, así como cansancio y pereza cerebral. Parece que no tienen interés por nada. Su forma de hablar es lenta. No hay que olvidar también que son frecuentes los problemas de humor que desembocan en depresión.

El corazón no está a salvo

El ritmo cardíaco se ralentiza, al igual que la fuerza de contracción del músculo cardíaco. A largo plazo pueden aparecer enfermedades cardiovasculares como la angina de pecho o el infarto de miocardio. En algunos pacientes, sobre todo mujeres, se desarrollan cálculos biliares o anemia, es decir, falta de glóbulos rojos en la sangre. En ocasiones, también se puede encontrar un exceso de colesterol «malo» en sangre.

Pero, ¿qué revela un análisis de sangre?

El análisis de sangre tiene el objetivo de apreciar la cantidad de hormonas tiroideas, sobre todo las T4 y el índice de TSH. La confirmación del diagnóstico de hipotiroidismo implica un aumento de la TSH y una disminución del índice de T4 en sangre. A menudo el médico procede a una búsqueda de anticuerpos para verificar si existe una enfermedad autoinmune.

¿Cómo emite el médico el diagnóstico?

La palpación del cuello es la primera exploración que realiza y también la más directa. Aplicando los dedos de la mano sobre la base del cuello, el médico aprecia las características de la glándula tiroidea. También puede estimar el volumen y descubrir un bocio o la presencia de nódulos. De considerarlo necesario, prescribirá otros exámenes para precisar el funcionamiento de la tiroides. Además, los resultados de los análisis de sangre aportan datos muy valiosos sobre el funcionamiento de la glándula, los índices de TSH y las hormonas tiroideas presentes en la sangre. El médico también puede decidir prescribir exámenes de ecografías para apreciar la estructura y el estado de funcionamiento de la glándula, sobre todo una ecografía cervical y en determinados casos una escintigrafía tiroidea.

Raras veces puede darse el síndrome del canal carpiano

A veces el hipotiroidismo se manifiesta por síntomas menos frecuentes como la neuropatía periférica, temblores musculares o el síndrome del canal carpiano. Este último se caracteriza por una comprensión del nervio mediano a la altura de la muñeca. Esta compresión se traduce en hormigueo y una sensación de adormecimiento de los dedos. En el cuadro del hipotiroidismo se debe a un espesamiento de los tendones que reducen el espacio de paso del nervio mediano.

Hipotiroidismo congénito

El término congénito señala que el hipotiroidismo está presente desde el nacimiento, incluso aunque los síntomas no se presenten hasta más tarde. Es relativamente frecuente, ya que un bebé de cada 3000-4000 nace con esta enfermedad. Aunque predomina en las niñas, el hipotiroidismo congénito también puede darse en niños.

¿A qué es debido?

Hay múltiples causas posibles. En el 85% de los casos se trata de una malformación de la glándula tiroidea, que no se ha desarrollado con normalidad o no se ha situado en su lugar óptimo, de modo que la producción de hormonas tiroideas no basta para cubrir las necesidades del bebé. Es muy raro que la glándula tiroides esté totalmente ausente en el momento del nacimiento.

En el 10% de los casos la tiroides está bien desarrollada pero el proceso de fabricación de hormonas tiroideas es defectuoso.

La escintigrafía tiroidea en el recién nacido

Este examen consiste en inyectar por vía intravenosa un producto radiactivo que se fija preferentemente en las tiroides. El bebé está tumbado boca arriba. A continuación un instrumento de detección, una gammacámara, se coloca encima del cuello para localizar la radiación emitida por el producto radiactivo. Es un examen indoloro y no provoca ni alergia ni enfermedades. En el recién nacido, se prefiere el yodo 123 al tecnetio. El médico especialista también tendrá la posibilidad de estudiar la absorción de la sustancia por parte de la glándula tiroides. Este examen casi siempre permite determinar si el bebé sufre una anomalía de producción hormonal y si la tiroides está situada en el lugar correcto.

En determinados casos el hipotiroidismo del recién nacido se debe a una falta de yodo en la alimentación de la madre durante el embarazo, ya que este mineral es un ingrediente natural indispensable para la fabricación de hormonas tiroideas. En caso de carencia materna, la producción de hormonas tiroideas puede estar alterada en el bebé y desembocar también en hipotiroidismo.

¿Cómo detectarla?

En 1986 la Comisión de Tiroides de la Sociedad Española de Endocrinología Pediátrica elaboró un protocolo de diagnóstico del hipotiroidismo primario congénito. Desde entonces se le toma sistemáticamente al recién nacido una muestra de unas gotas de sangre mediante una sencilla punción en el talón. El diagnóstico se basa en la observación de un índice elevado de TSH, hormona que controla la secreción de las hormonas tiroideas.

Si no hay detección o hay hipotiroidismo secundario, el diagnóstico se emite tras unos signos reveladores como son voz ronca, estreñimiento, prolongación de la ictericia del lactante, carácter adormecido del bebé, piel seca, etcétera.

A ser posible, es necesario precisar la causa del hipotiroidismo que afecta al recién nacido. En efecto, en determinados casos el hipotiroidismo es pasajero y el tratamiento puede ser interrumpido tras unos meses. Además, el conocimiento de la causa permite a menudo tranquilizar a los padres. La escintigrafía es en la actualidad el examen que permite caracterizar mejor el tipo de hipotiroidismo congénito. El resto de exámenes no son tan fiables.

¿Cómo tratarlo?

El tratamiento debe iniciarse lo antes posible, desde el momento del diagnóstico que suele ser generalmente a partir del décimo día. Debe tomarse todos los días y hacerse un seguimiento de por vida. Consiste en administrar levotiroxina, una hormona tiroidea artificial que tiene la misión de paliar este déficit.

Manifestaciones del hipotiroidismo congénito

En el momento del nacimiento, el bebé afectado de hipotiroidismo congénito no presentará necesariamente síntomas aparentes. Aún así, determinados signos discretos pueden denotar un hipotiroidismo congénito. El bebé parece estar adormecido en exceso, tiene dificultades para mamar y posee una piel ligeramente moteada. En ciertos casos, las fontanelas a nivel del cráneo son más anchas de lo normal.

¿Cómo tratar el hipotiroidismo?

A excepción de algunos casos en que basta con dejar de tomar antitiroideos de síntesis para normalizar la función de la glándula, el tratamiento suele basarse en la toma regular de hormonas tiroideas para bajar la TSH a unos valores normales.

Las hormonas tiroideas en primer plano

El tratamiento suele consistir en tiroxina o T4. El medicamento más utilizado es la levotiroxina, que presenta numerosas ventajas. Al principio del tratamiento debe administrarse en dosis bajas de unos 25 µg por día. Si la dosis se tolera bien, se pasará a una dosis superior durante una semana más hasta conseguir la dosis eficaz que será de unos 100-150 µg por día. La levotiroxina se toma una vez al día, normalmente en ayuno, ya que su absorción disminuye si se toma con comida.

El tratamiento con triyodotironina (T3) queda reservado a determinados casos, por ejemplo cuando las personas encuentran que su organismo va muy lento debido a su

Criterios de una hormonoterapia bien equilibrada

El tratamiento de un hipotiroidismo recae en la administración cotidiana de hormonas tiroideas. Lo más habitual es que se tenga que seguir de por vida. Un seguimiento clínico y biológico regular es necesario para prescribir una dosis mayor o menor. El hipotiroidismo primario se caracteriza por una elevación de la TSH. Una normalización de la cantidad de TSH es el mejor indicador de un tratamiento equilibrado. Si la dosis de tiroxina que toma el paciente es demasiado baja, la TSH seguirá estando elevada. En caso contrario, si la dosis es demasiado alta, la TSH caerá en picado.

enfermedad. Este tratamiento de T3 permite normalizar la función tiroidea con rapidez. Por el contrario, la administración de T3 es mucho más difícil de controlar. Cabe añadir que este tipo de hormona de síntesis está contraindicada si el paciente padece problemas cardiovasculares.

Necesidades variables

Se advierte una mejora de los síntomas en torno a las tres semanas del inicio del tratamiento. La posología de la tiroxina debe adaptarse en función de los índices de TSH que revelarán los análisis de sangre. Un primer análisis de sangre se efectúa entre las 6 y las 8 semanas tras el inicio del tratamiento. Posteriormente, los análisis de sangre se llevarán a cabo cada 8-12 semanas, hasta que la posología esté bien ajustada, es decir, hasta que las cantidades de TSH no sean ni demasiado altas ni demasiado bajas.

Hay que tener también en cuenta que determinados factores modifican la absorción del medicamento por parte del aparato digestivo. La absorción es más rápida si el tubo digestivo está vacío, por lo que conviene tomar el medicamento en ayunas. Si además se toman suplementos de hierro o antiácidos a base de calcio o de hidróxido de aluminio, la absorción de la tiroxina será menor. Hay que evitar tomar el medicamento con productos con base de soja, ya que también disminuyen la absorción de tiroxina.

El seguimiento médico

La posología de tiroxina debe adaptarse a cada caso individual bajo un estricto control médico. Sin duda, conviene verificar el equilibrio obtenido gracias a consultas médicas regulares y unas dosis periódicas de T4 y sobre todo TSH . La dosis que se administrará dependerá entre otros factores del peso y de la intensidad del hipotiroidismo a tratar.

Utilización apropiada del tratamiento de sustitución

No hay que variar la cantidad ni la frecuencia de las dosis del tratamiento prescrito a menos que así sea aconsejado por el médico. De igual forma, no hay que interrumpir el tratamiento sin que así sea recomendado por el profesional. Asimismo, lo ideal es tomar la tiroxina cada día a la misma hora y siempre acompañada de un gran vaso de agua. La levotiroxina se absorbe mejor en ayunas. Si en algún momento al paciente se le olvida tomarse la medicación puede tomarse la dosis habitual si el olvido es menor a 12 horas. Más allá conviene sencillamente esperar a la siguiente dosis. No hay que duplicar nunca la dosis de tiroxina. De forma contraria, si uno se toma accidentalmente una cantidad superior a la dosis prescrita debe informar al médico. Incluso las sobredosis ligeras deben tomarse en serio.

¿Qué es exactamente?

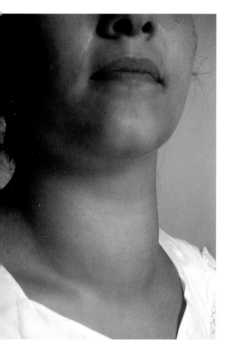

La palabra *bocio* viene de la palabra latina *bocia*, que significa bulto o tumor. Es importante recordar que el bocio sólo es un síntoma y que en sí mismo no es una enfermedad.

Espesamiento de la glándula tiroidea

El término bocio define un aumento del volumen de la tiroides que puede afectar a todo el órgano. En ese caso se habla de bocio difuso. También puede afectar solo a zonas limitadas de la glándula y en ese caso se denomina bocio nodular. Cuanto más aumenta el volumen de la glándula tiroidea más visible es el bocio, que puede llegar a ser enorme. ¡Todos hemos visto alguna vez a alguien con un bocio espectacular!

Diversas causas

El bocio es el reflejo de divisiones celulares excesivas a nivel de la glándula tiroidea con producción de nuevos folículos. Esta multiplicación celular demasiado abundante se debe a una secreción aguda de la TSH. Las causas son múltiples y variadas.

La falta de yodo es sin duda alguna la causa principal. Cuando los aportes alimentarios de yodo son insuficientes para cubrir las necesidades del organismo, éste reacciona estimulando la formación de nuevos folículos por medio de la TSH. El consumo regular de verduras como la mandioca, los boniatos o el sorgo pueden agravar la carencia de yodo y también desencadenar que salga un bocio. En efecto, estos compuestos contienen tiocianatos que impiden la fijación del yodo en la glándula tiroidea.

Los fenómenos autoinmunes también parecen desempeñar un papel. De este modo la tiroiditis de Hashimoto y la enfermedad de Basedow, dos enfermedades autoinmunes que afectan a la glándula tiroidea, pueden venir acompañadas de bocio. En ocasiones se encuentran anticuerpos antitiroideos en concentraciones elevadas en la sangre de las personas que padecen bocio.

Repercusiones en el organismo

El bocio «sencillo» corresponde a un aumento aislado del volumen de la glándula sin anomalía de su función: la secreción de las hormonas tiroideas sigue siendo normal. Por el contrario, el bocio también puede asociarse a un desarreglo de la glándula tiroidea e ir acompañado de hipertiroidismo o hipotiroidismo. Asimismo, puede complicarse en un momento dado de su evolución y provocar un funcionamiento anormal de la glándula. En este caso muchas veces suele tratase de un antiguo bocio sencillo que se ha convertido en «tóxico».

Por último, el bocio también puede ser un signo revelador de una tiroiditis. En ese supuesto los anticuerpos antitiroideos se suelen encontrar en concentraciones elevadas.

Posibles complicaciones

A menudo el volumen de bocio es moderado y no supone ningún problema. En otras ocasiones, va aumentando y viene acompañado de fenómenos de compresión de los órganos cercanos, como la laringe, la tráquea o el esófago. Los síntomas varían en función del órgano afectado: ronquera en la voz y problemas respiratorios y de deglución.

La evolución del bocio a veces va encaminada hacia un bocio tóxico que se caracteriza por una secreción excesiva de hormonas tiroideas que se traducen por síntomas típicos de hipertiroidismo.

Tipos de bocio

Existen numerosas variedades de bocio, pero aquí nos limitaremos a describir las más frecuentes.

Bocio endémico

En el pasado solía haber una carencia de yodo en poblaciones alejadas del mar. Sin embargo, en la actualidad, en los países industrializados los bocios cada vez son más raros gracias al programa de yodación de la sal de cocina que dicta la OMS y la diversificación de la alimentación.

A escala mundial se estima que más de 200 millones de personas son portadoras de bocio endémico. Se trata de uno de los grandes problemas de salud en el mundo, ya que en las regiones donde hay una importante carencia de yodo, el bocio endémico se acompaña de problemas de desarrollo del sistema nervioso central y retraso en el crecimiento.

Bocio sencillo

El bocio sencillo no suele acompañarse ni de un desarreglo de la función de la glándula ni de signos de tiroiditis. Se encuentra en las regiones situadas en el límite de la carencia de yodo. Para satisfacer las necesidades de las hormonas, la glándula tiroidea aumenta temporalmente su volumen. Este tipo de bocio puede pasar por periodos de evolución, sobre todo durante la pubertad o el embarazo, en los que será necesario que un médico prescriba un tratamiento.

Si el volumen de bocio crece de forma excesiva a lo largo del tiempo, el doctor propondrá un tratamiento hormonal de sustitución. El objetivo de este tratamiento será

Bocio y cáncer

En presencia de un bocio multinodular el médico debe tener siempre en cuenta que uno de los nódulos puede ser cancerígeno o llegar a serlo. Según estudios publicados en revistas científicas, entre un 5 y un 10 % de los bocios nodulares son malignos. Como en cualquier tipo de nódulo, habrá que realizar visitas de seguimiento frecuentes al médico.

disminuir la secreción de la TSH y, así, lograr frenar el crecimiento del bocio.

Bocio multinodular

La expresión *bocio multinodular* hace referencia a un bocio sencillo constituido por diversos nódulos. Es de evolución lenta, pero este tipo de bocio es susceptible de transformarse en un bocio multinodular tóxico, ya que algunos nódulos se escapan al control del eje hipófisis-hipotálamo y actúan de manera autónoma. En estos casos el paciente muestra los signos típicos de hipertiroidismo, sobre todo nerviosismo, palpitaciones cardíacas y problemas del ritmo cardíaco. El tratamiento para combatir el bocio multinodular tóxico requiere yodo radiactivo.

Tratamiento

El tratamiento del bocio depende de su variedad y de su evolución. Cuando el paciente no presenta signos clínicos no sirve de nada tratarlo.

En caso de carencia de yodo, el tratamiento consistirá en un primer momento en un aporte de yodo exógeno para reducir el volumen del bocio. En el recién nacido, la presencia de bocio suele revelar una falta de yodo. En este contexto, el tratamiento consiste en la administración de L-tiroxina, durante al menos una semana, asociada a yoduro de potasio. Cuando la glándula tiroidea sea incapaz de sintetizar las hormonas tiroideas a causa de una anomalía de una enzima, el médico prescribirá hormonas tiroideas de sustitución. Este tratamiento puede que tenga que seguirse de por vida.

Bocio y alimentos

No se corre ningún riesgo si la alimentación es rica en yodo: principalmente la sal de cocina yodada, diversos pescados de mar y crustáceos, productos lácteos y aguas. En numerosos países, incluidos aquellos donde hay una gran frecuencia de bocio, se han aprobado leyes para hacer que sea obligatoria la yodación de la sal de cocina.

Los nódulos

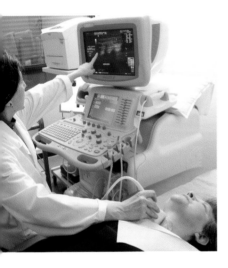

Un nódulo tiroideo se define como un tumor localizado en el seno de la glándula tiroidea. Si los nódulos son voluminosos, pueden ser visibles y palpables. Estos nódulos son frecuentes, ya que entre un 5-10% de la población adulta se ve afectada y su frecuencia aumenta con la edad. De esta forma, si se realizase una ecografía de la glándula tiroidea a todas las mujeres de más de 50 años descubriríamos nódulos en más del 50% de los casos.

¿Qué es un nódulo?

Conviene ante todo hacer la distinción entre dos grandes entidades de nódulos, los calientes, que casi nunca son cancerígenos pero pueden provocar hipertiroidismo, y los fríos, que pueden ser malignos en un bajo porcentaje de casos. La distinción entre nódulo caliente y nódulo frío se basa en los resultados de la escintigrafía, mientras que la diferenciación entre el carácter benigno o maligno del nódulo solo puede determinarse gracias a una citopunción.

Exámenes exploratorios

Para estudiar la naturaleza de un nódulo el médico puede recurrir a tres tipos de exámenes:

- La ecografía, a menudo realizada en primer lugar, que aporta datos valiosos sobre el número de nódulos, su tamaño y su aspecto general. También puede ponerse en evidencia la presencia de ganglios en los alrededores de la glándula.
- La escintigrafía permite precisamente distinguir un nódulo «frío» de un nódulo «caliente». Al realizar este examen se administra una cantidad mínima de materia ra-

diactiva que después absorbe la glándula tiroidea. Los instrumentos detectan esta radiactividad y la graban en una película que muestra la repartición de la misma en la tiroides. Los nódulos tiroideos pueden aparecer en zonas de actividad reducida (se habla de nódulos «fríos») o en zonas de actividad intensa (nódulos «calientes»). También puede haber nódulos de aspecto intermedio que se califican de «tibios».

• La citopunción directa o guiada por ecografía es el único examen que permite confirmar la naturaleza benigna de un nódulo. El examen se realiza bajo anestesia local. Para la biopsia con aguja fina, que es la más corriente, el médico utiliza una aguja con una extremidad muy fina para tomar muestras de las células tiroideas en diversas partes del nódulo. Estas células extraídas son minuciosamente examinadas después con un microscopio por un médico especialista.

Nódulo frío o caliente

Los nódulos calientes representan en torno al 10% de los nódulos. Un nódulo se denomina caliente cuando fija el yodo con mayor intensidad que el tejido tiroides vecino. Este tipo de nódulos casi nunca es maligno. Por el contrario, secreta una cantidad excesiva de hormonas tiroideas que puede ser la causante de un hipertiroidismo.

Los nódulos fríos son con diferencia los más frecuentes. Se tienen que controlar de cerca ya que entre un 5 y un 10 % son malignos o pueden serlo con el tiempo.

¿Cómo tratar los nódulos?

Los nódulos benignos no provocan síntomas y no necesitan ningún tratamiento. Aún así, conviene someterse a visitas regulares al médico, quien hará un seguimiento de la evolución del nódulo.

La tiroxina se prescribe a veces para favorecer la constricción de nódulos benignos. Sin embargo, el uso de esta medicina en el tratamiento de nódulos es controvertido, ya que puede hacer que aparezcan síntomas de hipertiroidismo.

La extirpación del nódulo o de parte de la glándula tiroidea está indicada en casos de nódulos sospechosos o cancerígenos.

Nódulo y yodo radiactivo

El yodo radiactivo se utiliza para tratar los nódulos que producen hormonas tiroideas, casi siempre los nódulos calientes, que vienen acompañados de signos de hipertiroidismo.

La duración del tratamiento suele ser de dos o tres meses. Esta duración suele ser suficiente para que los nódulos se reabsorban y desaparezcan.

La tiroiditis crónica de Hashimoto

El término tiroiditis describe un intento inflamatorio de la glándula tiroidea, pero hay que distinguir varios tipos. La enfermedad de Hashimoto recibe su nombre en honor al doctor Hashimoto, que la describió por primera vez a principios del siglo xx . Se trata de una enfermedad benigna, bastante frecuente y fácil de tratar.

Una enfermedad femenina

Esta enfermedad afecta sobre todo a las mujeres de mediana edad. Al realizar una exploración clínica se observa que la tiroides tiene un volumen mayor de lo normal, con un bocio indoloro. La ecografía pone en evidencia una tiroides muy heterogénea con pequeños nódulos.

El funcionamiento de la tiroides puede ser normal, pero lo más corriente es que el médico descu-

Asociación a otras enfermedades autoinmunes

La enfermedad de Hashimoto puede estar asociada a otras enfermedades autoinmunes, aunque no es obligatorio. Estas enfermedades vinculadas suelen ser independientes las unas de las otras y no se benefician del mismo tratamiento. Entre estas enfermedades autoinmunes figuran la insuficiencia suprarrenal, la diabetes de tipo I, la anemia de Biermer y el vitíligo. Para determinados expertos, la alopecia podría ser también una enfermedad autoinmune susceptible de ser asociada a la enfermedad de Hashimoto.

bra un hipotiroidismo con una gran variedad de síntomas. En contadas ocasiones, la enfermedad puede tener signos de hipertiroidismo: diarrea, intolerancia al calor y nerviosismo. En estos casos el hipertiroidismo suele ser pasajero y evoluciona hacia un hipotiroidismo. Este hipotiroidismo será en ocasiones discreto y solo se revelará por el índice de TSH, demasiado elevado, y por una caída del número de hormonas tiroideas en sangre.

Cuando los anticuerpos atacan a la tiroides

La enfermedad de Hashimoto forma parte de las enfermedades autoinmunes. Durante el transcurso de estas enfermedades, el sistema inmunitario considera erróneos sus propios tejidos y los ve como cuerpos extraños. Debido a este error de interpretación, fabrica anticuerpos para atacar a sus propios tejidos y destruirlos.

En términos generales, una enfermedad autoinmune aparece en los tejidos, que se ven atacados por anticuerpos, siendo en el caso de la enfermedad de Hashimoto la tiroides la glándula atacada. La tiroides es el blanco de los procesos inflamatorios. Si las lesiones son importantes, desencadenan una insuficiencia de hormonas tiroideas y, por tanto, un hipotiroidismo.

Particularidades biológicas

El diagnóstico de la enfermedad de Hashimoto se basa en la asociación de un bocio a unos índices elevados en antiTPO (anticuerpos antitiroperoxidasa). Aunque las concentraciones de hormonas tiroideas y de TSH pueden ser normales, lo que suele ocurrir es que la TSH es demasiado elevada y las tasas hormonales tiroideas están bajas, lo que testimonia un estado de hipotiroidismo.

Las hormonas tiroideas sintéticas al rescate

El tratamiento de la enfermedad de Hashimoto consiste en poner a la glándula tiroidea en reposo. Cuando aumenta el índice de TSH, el médico prescribe un tratamiento sustitutivo a base de hormonas tiroideas para dejar que la glándula descanse.

Asociación a otras enfermedades autoinmunes

La enfermedad de Hashimoto puede estar asociada a otras enfermedades autoinmunes, aunque no es obligatorio. Estas enfermedades vinculadas suelen ser independientes las unas de las otras y no se benefician del mismo tratamiento. Entre estas enfermedades autoinmunes figuran la insuficiencia suprarrenal, la diabetes de tipo I, la anemia de Biermer y el vitíligo. Para determinados expertos, la alopecia podría ser también una enfermedad autoinmune susceptible de ser asociada a la enfermedad de Hashimoto.

La tiroiditis subaguda de de Quervain

Mucho menos frecuente que la tiroiditis de Hashimoto es la tiroiditis de de Quervain, que designa una inflamación de la glándula tiroidea, seguramente de origen viral. A menudo descrita como una gripe de la glándula tiroidea, esta inflamación aparece algunas semanas después de una infección banal de las vías respiratorias superiores como una rinofaringitis o una bronquitis.

Bocio, dolor de garganta y transpiración profusa

Los síntomas son muy variados. Pueden ser generales y vinculados a la inflamación, pero también pueden ser locales y estar relacionados con una hinchazón dolorosa de la glándula tiroidea. Al principio de la enfermedad no es extraño observar un hipertiroidismo pasajero. Por ello, hay enfermos que se quejan sobre todo de dolores musculares, de fiebre de intensidad variable y de sudores nocturnos. Estos signos pueden hacer pensar en otras enfermedades, sobre todo infecciones bacterianas.

En lo relacionado a los dolores de garganta, pueden localizarse a un lado de la misma o migrar hacia el otro lóbulo de la glándula. Este paso controlateral de los dolores es muy característico de la tiroiditis de de Quervain, ya que no se da en ninguna otra forma de tiroiditis. Los dolores irradian frecuentemente hacia la mandíbula o el oído, lo que puede llevar al paciente a consultar a un otorrino, que no encontrará ninguna anomalía en el oído. En ocasiones, el paciente acude a un dentista que aprovecha para recomendarle algún sofisticado tratamiento dental, pero los dolores de mandíbula persistirán sin duda.

En cuanto a los síntomas relacionados con el hipertiroidismo, éstos suelen ser discretos. El paciente presenta palpitaciones, temblores e incluso adelgaza algunos kilos. Sin embargo, estos síntomas no suelen tomarse en serio y no le plantean dudas al doctor. La consecuencia es que a los médicos les resulta difícil emitir un diagnóstico de tiroiditis de de Quervain.

Diagnóstico clínico ante todo

El diagnóstico se basa ante todo en el contexto clínico que hemos descrito y los exámenes biológicos no hacen más que confirmar la pista de la tiroiditis de de Quervain.

En contraposición con la tiroiditis de Hashimoto, en este caso la dosis de anticuerpos antitiroideos es negativa. Los análisis de sangre revelan un aumento de la rapidez de sedimentación y los índices de CRP son elevados, lo que denota la presencia de una inflamación. La TSH está baja durante varias semanas, mientras que la elevación de la T4 libre es pasajera, lo que revela un estado de hipertiroidismo.

En la ecografía, la glándula tiroidea presenta un aspecto muy heterogéneo que puede hacer sospechar un tumor, ya que los límites de la glándula no siempre son visibles. Puede relizarse una punción con aguja bajo control ecográfico para lograr un diagnóstico diferencial. Así se evidencian los focos inflamatorios típicos, con presencias de células gigantes pero con ausencia de células cancerígenas.

Hace diez años se realizaban sistemáticamente escintigrafías. En cambio, en la actualidad se realiza en contadas ocasiones, ya que hay una captación débil del trazador radiactivo.

Síndrome inflamatorio

Sea cual sea el lugar de la inflamación, el síndrome inflamatorio se manifiesta con cuatro síntomas principales: dolor, rubor, calor y tumefacción. Se trata de una reacción de defensa del organismo contra una agresión cuyas causas pueden ser múltiples: infecciosas, traumáticas, inmunológicas, cancerígenas, etcétera. Desde el punto de vista biológico, el síndrome inflamatorio se traduce por un aumento de la rapidez de sedimentación, del índice de glóbulos blancos y de la concentración de fibrinógenos en la sangre.

Evolución de la tiroiditis subaguda de de Quervain

El adjetivo «subagudo» de la tiroiditis de de Quervain se refiere a un modo de evolución de la enfermedad que pasa por cuatro fases.

Evolución de un modo subagudo

La primera fase de la enfermedad se traduce en la aparición de síntomas clínicos como dolores difusos en los músculos, sudores nocturnos y fiebre, lo que denota un síndrome inflamatorio. Los síntomas puede ser localizados: dolor en un lado de la garganta, que irradia hacia la mandíbula, hacia el oído o hacia el otro lóbulo de la tiroides. En este punto, los análisis de sangre suelen evidenciar un estado de hipertiroidismo, con caídas de la TSH y un aumento de la T4 libre.

La segunda fase se desarrolla como un periodo aparente de recuperación. Los síntomas se atenúan. En el plano biológico, el índice de TSH y las hormonas tiroideas vuelven también a sus valores normales.

A continuación se produce una tercera fase caracterizada por un estado de hipotiroidismo biológico: la TSH está sobreelevada y los índices de hormonas tiroideas bajan. Como los síntomas clínicos son discretos, el hipotiroidismo puede escapársele al médico si no hace un examen sistemático.

Por último, está la cuarta fase, que es la de la recuperación definitiva con una normalización de la función tiroidea.

Analgésicos y antiinflamatorios no esteroideos de rigor

El tratamiento suele basarse en la prescripción de analgésicos y antiinflamatorios no esteroideos (AINE). Entre los analgésicos, primero suele recetarse paracetamol, ya que es el que se tolera mejor y el que entraña menos efectos secundarios.

Si el dolor no remite con el paracetamol, el médico prescribe antiinflamatorios no esteroides. Esta clase de antiinflamatorios contiene numerosas sustancias, entre las que destacan la aspirina y el ibuprofeno. Todos estos antiinflamatorios no esteroides siguen el mismo mecanismo de acción: bloquean la acción de la ciclooxigenasa (COX) que interviene en una cascada de reacciones y acaba aplacando la inflamación (rubor, dolor, etcétera).

Si el dolor no responde a los antiinflamatorios no esteroides o si se está en una fase más severa de la enfermedad, será necesario imponer un tratamiento de corticoides de corta duración.

Cuando las palpitaciones del corazón o los temblores predominan, tomar un betabloqueante puede ser adecuado para calmar los síntomas.

Prescripción de antitiroideos de síntesis

Los antitiroideos de síntesis casi nunca se prescriben. En efecto, el hipertiroidismo del inicio suele ser pasajero y no está provocado por una producción excesiva de hormonas. Está vinculado a una liberación aguda de hormonas tiroideas de las reservas de la glándula. A la inversa, en la enfermedad de Basedow o en el adenoma tóxico, el hipertiroidismo está provocado por una fabricación excesiva de hormonas tiroideas que requieren un tratamiento de antitiroideos de síntesis.

Los antiinflamatorios no esteroideos o AINE

Los antiinflamatorios no esteroideos o AINE actúan sobre la inflamación de tal modo que el alivio a veces parece milagroso. Existen a nuestra disposición numerosas variantes de antiinflamatorios no esteroides. Algunos tienen un efecto más débil como la aspirina y el ibuprofeno, mientras otros ejercen un efecto más fuerte como el diclofenaco. Se aconseja tomar los medicamentos acompañados de un gran vaso de agua durante las comidas. Entre los efectos secundarios más frecuentes conviene mencionar problemas digestivos. Si la persona padece ardores de estómago, deberá ser prudente y consultar al médico antes de tomar estos productos.

Otras formas de tiroiditis

Una inflamación de la glándula tiroidea puede encontrarse también en otras enfermedades que, sin embargo, son mucho menos frecuentes que la tiroiditis de Hashimoto y de de Quervain.

La tiroiditis posparto

La tiroiditis posparto se da a los tres-seis meses de dar a luz. Parece tener un origen autoinmune, ya que los análisis de sangre evidencian altos índices de anticuerpos antitiroideos. El síntoma predominante es la aparición de un bocio indoloro, a veces acompañado de un hipertiroidismo pasajero. Este hipertiroidismo pasajero puede complicarse con síntomas cardíacos y, en ese caso, es necesario tomar betabloqueantes. La evolución se realiza hacia un hipotiroidismo que, de ser intenso, requerirá tratamiento sustitutivo por hormonas tiroideas.

La tiroiditis de Riedel

La tiroiditis de Riedel se caracteriza por una fibrosis extensiva de la glándula. Progresivamente el tejido glandular se convierte en fibroso y pierde su elasticidad.

Tratamiento del síndrome de Sheehan

El tratamiento del síndrome de Sheehan es sustitutivo: la enfermedad toma hormonas que el organismo ya no puede fabricar debido a una disfunción de la hipófisis. La insuficiencia tiroidea se trata con tiroxina. Si la mujer presenta una insuficiencia de la glándula suprarrenal, se administra hidrocortisona y en ocasiones 9-alfa-fluorohidrocortisona. Algunas veces la administración de estroprogestativos permite paliar la insuficiencia de gónadas.

Esta forma de tiroiditis es sin embargo muy rara y afecta sobre todo a mujeres de mediana edad.

Los primeros síntomas suelen deberse a la comprensión de los tejidos vecinos: los genes a nivel de la garganta, tos persistente, problemas respiratorios, dificultades para tragar alimentos sólidos, etcétera. Al realizar un examen clínico y palpar la glándula, ésta se nota dura, a veces como una piedra. Los exámenes biológicos son normales y la búsqueda de anticuerpos da resultados negativos.

El síndrome de Sheehan

El síndrome de Sheehan traduce una necrosis o muerte súbita de las células de la hipófisis. Esta necrosis celular se debe a un fallo del sistema circulatorio después de un parto difícil, complicado por una retención de la placenta o hemorragias significativas. Este tipo de necrosis de la hipófisis también puede estar provocado por accidentes o intervenciones quirúrgicas con pérdidas importantes de sangre.

No se produce la subida de la leche, que es sin duda el primer síntoma. Los otros signos van apareciendo progresivamente: el pelo púbico no rebrota, la mujer está apática y no se interesa por su entorno. Incluso pueden aparecer signos de hipotiroidismo como pusilanimidad, palidez, lentitud, pero otros órganos que controla la hipófisis también estarán afectados. Las lesiones de los ovarios se manifiestan por la ausencia de reglas y por frigidez. Los análisis de sangre confirman el triple déficit endocrino, que incluye los ovarios, la tiroides y los suprarrenales. El diagnóstico se confirma por IRM hipofisaria.

IRM de la región hipofisaria

La IRM hipofisaria se utiliza cuando se sospecha de una disfunción de la hipófisis. La hipófisis es una pequeña glándula situada en la base del cerebro, en una cavidad ósea llamada tallo hipofisario. La IRM permite explorar la glándula en los tres planos del espacio y apreciar así su forma, sus contornos y su volumen. Asimismo permite explorar la estructura ósea del tallo hipofisario, que contiene a la hipófisis.

Para realizar este examen, la cabeza del paciente debe permanecer inmóvil durante la realización de dos series de imágenes, una sin inyección de producto de contraste y otra con el producto de contraste.

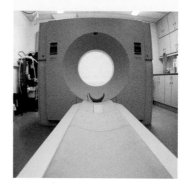

El reto que supone para la glándula

Numerosos estudios han demostrado que las afecciones de la tiroides afectan sobre todo a las mujeres en una relación aproximada de cuatro mujeres por cada hombre. Cabe añadir que se sabe que en las mujeres las afecciones de la tiroides suelen surgir durante el transcurso del embarazo. El embarazo supone una gran prueba para la glándula tiroidea: se trata de una etapa delicada, ya que el funcionamiento de la glándula tiroidea se modifica.

Las necesidades de yodo aumentan

Durante el transcurso del embarazo, las necesidades de yodo aumentan. Algunas hormonas que se producen en abundancia durante el embarazo, sobre todo estrógenos y beta hCG (hormona detectada por las bandas de los tests de embarazo), obligan a la tiroides a trabajar con mayor intensidad. De hecho, la tiroides necesita más carburante y, por consiguiente, más yodo.

En paralelo, la madre sufre pérdidas de yodo, ya que el embarazo favorece la eliminación del mismo por la orina.

Por último, el yodo de la madre atraviesa la placenta para cubrir las necesidades crecientes del feto. La glándula tiroidea del bebé empieza a funcionar en torno a la décima semana de embarazo. Después de haber atravesado la placenta, el yodo contenido en el régimen alimentario de la madre lo utiliza la glándula tiroidea del feto para fabricar las hormonas tiroideas que necesita para el desarrollo de su sistema nervioso.

Una carencia de yodo puede provocar un hipotiroidismo en el bebé. En un estadio extremo se puede observar un cretinismo bocioso, forma de debilidad mental profunda. Afortunadamente el cretinismo bocioso ha desaparecido por completo en nuestras regiones, pero todavía puede observarse en poblaciones muy pobres.

El equilibrio hormonal es muy frágil

Hay dos factores que pueden romper este equilibrio hormonal durante el embarazo: la carencia en yodo y la presencia eventual de anticuerpos antitiroideos.

La carencia en yodo es frecuente durante el embarazo. Según la OMS, la cantidad de yodo óptima recomendada durante el embarazo es de 175-200 µg/día. Sin embargo, estudios realizados en Bélgica y en Francia basándose en el yodo eliminado cada día en las orinas, revelan un aporte en yodo insuficiente en el 75% de las mujeres embarazadas. Conviene recordar que esta cantidad insuficiente puede ser nefasta tanto para la madre como para el bebé.

La presencia de anticuerpos antitiroideos también puede perturbar el frágil equilibrio hormonal. Estos anticuerpos antitiroideos, sobre todo los antiTPO, se detectan en la circulación sanguínea en un 10% de las mujeres adultas en edad de tener hijos. En la actualidad se sabe que el riesgo de hipotiroidismo y de tiroiditis posparto es más alto en las mujeres que presentan estos anticuerpos en sangre.

La hCG placentaria

La gonadotropina coriónica humana, o hCG placentaria por sus siglas en inglés, es una hormona secretada por la placenta. Puede detectarse en la sangre materna desde el noveno día tras la fecundación del óvulo. Los índices de hCG placentaria aumentan y están en su momento álgido durante la octava semana de ausencia de reglas, pero después caen, aunque se pueden detectar a lo largo del embarazo. La hormona desaparece totalmente de la sangre materna hacia el quinto día después de dar a luz. Los índices de hCG placentaria son el doble de altos cuando hay embarazos de gemelos. Por el contrario, son anormalmente bajos en caso de falso embarazo o de embarazo extrauterino.

Afecciones asociadas

Puesto que la tiroides está muy solicitada en el embarazo, no resulta sorprendente que aparezcan determinadas afecciones. Algunas puede que ya estuviesen presentes en estado latente y que explosionen cuando se ve perturbado el equilibrio tiroideo.

Bocio

A lo largo del embarazo, el volumen de la glándula aumenta por la falta de yodo relativo y la estimulación de la glándula que realiza la hCG placentaria, cuya estructura es muy cercana a la TSH. En algunas mujeres este aumento de volumen es tal que aparece un bocio visible. Si el tamaño del bocio supone un problema, el médico puede recetar yoduro de potasio solo o asociado a tiroxina. El tratamiento permitirá reducir el volumen del bocio.

Nódulos

Los nódulos se pueden detectar solo palpando en más del 2% de los casos y mediante ecografía en un 10%. La mayoría son benignos, pero un nódulo que se descubre durante un embarazo necesita ser analizado para eliminar cualquier riesgo de cáncer.

Ahora bien, las escintigrafías de la tiroides están contraindicadas durante el embarazo y la ecografía por sí misma no permite excluir la posibilidad de un cáncer. Así que, para conocer la naturaleza exacta del nódulo, el médico sólo puede recurrir a una punción con aguja, lo que le permitirá descartar un cáncer.

Hipotiroidismo y embarazo

Durante el embarazo, cerca del 2% de las mujeres presentan un hipotiroidismo. En el caso de las mujeres que tienen antecedentes de enfermedad tiroidea se aconseja controlar el índice de TSH antes de quedarse embarazadas. Si una mujer que padece hipotiroidismo desea tener un bebé, el médico deberá, ante todo, reestablecer de la mejor manera posible su equilibrio hormonal tiroideo recetándole hormonas tiroideas. Si la mujer ya sigue un tratamiento a base de tiroxina, deberá continuar con el tratamiento durante el embarazo. La tiroxina no supone ningún peligro para el feto. Cada dos meses se realizan análisis de sangre para verificar el índice de TSH y adaptar así el tratamiento en función de los resultados obtenidos.

Hipertiroidismo y embarazo

Durante el transcurso del embarazo, cerca del 2-3% de las mujeres presentan hipertiroidismo, si bien su diagnóstico no siempre es evidente. Algunos signos como el aumento del ritmo cardíaco son comunes tanto al embarazo como al hipertiroidismo. Poco preocupante, el hipertiroidismo gravídico transitorio se explica por la acción estimulante que la hCG placentaria (su estructura molecular es parecida a la de la TSH) ejerce en los folículos tiroideos. Por ello, los signos clínicos de hipertiroidismo solo se detectan en la mitad de los casos. De forma contraria a la enfermedad de Basedow, los ojos no están nunca afectados y la detección de autoanticuerpos antitiroideos en sangre es negativa. No se necesita ningún tratamiento ya que esta forma de hipertiroidismo va remitiendo espontáneamente.

Si una mujer afectada de la enfermedad de Basedow desea quedarse embarazada, esta afección deberá tratarse imperativamente durante el embarazo. Si la paciente descubre que está embarazada y tiene la enfermedad de Basedow, el médico recurrirá a derivados de tiouracilo, a antitiroideos de síntesis como tratamiento, ya que atraviesan muy débilmente la placenta. El médico prescribirá la dosis más baja posible de estos medicamentos y, posteriormente, se le realizarán unos exámenes especiales al recién nacido.

Enfermedad de Basedow y embarazo

La enfermedad de Basedow no controlada durante el embarazo puede tener consecuencias nefastas para el feto, algo muy extraño hoy en día, ya que las embarazadas están muy controladas. Hay dos elementos que pueden tener un impacto importante: 1) los anticuerpos antitiroideos de la sangre maternal pueden atravesar la placenta y provocar un hipertiroidismo en el bebé; 2) los antitiroideos de síntesis, administrados para tratar la enfermedad de la madre, pueden atravesar la placenta y provocar un hipotiroidismo en el niño.

¿En qué consiste?

El cáncer de tiroides afecta a 1 de cada 1000 personas de la población general. Está considerado como un cáncer de baja frecuencia, pero aún así hay que recordar que ésta no ha dejado de aumentar desde 1970.

Una proliferación de células anormales

La gran mayoría de los tumores de tiroides son de naturaleza benigna y se desarrollan a partir de células foliculares. Estos tumores benignos se presentan en forma de quistes con contenido líquido o en forma de tumores sólidos, que también se denominan adenomas.

En torno al 5-10% de los tumores de la tiroides son tumores malignos o cancerígenos. En la mayoría de los casos, los tumores cancerígenos están constituidos por células con una estructura y propiedades muy similares al tejido tiroideo normal. Producen tiroglobulina y fijan el yodo radiactivo. Por esta razón se califican de «diferenciados».

Las circunstancias para detectar un cáncer tiroideo son diversas. En algunos casos se puede palpar un nódulo a la altura del cuello. En cambio, otras veces el tumor solo puede verse con un examen ecográfico.

Clasificación de los tipos de cáncer de tiroides

El cáncer papilar es el más frecuente de los tipos de cáncer de tiroides. Bien diferenciado, fija el yodo. Las células papilares tienen unos núcleos muy característicos, lo que hace que sean muy reconocibles en un examen citológico. Este cáncer da sobre todo lugar a metástasis a nivel de los ganglios del cuello. Las células cancerígenas raramente se implantan en los pulmones y los huesos. Menos frecuente que el cáncer papilar es el cáncer folicular, que resulta mucho más difícil de reconocer con un examen citológico puesto que es fácil confundirlo con un adenoma folicular. Se trata de un cáncer poco agresivo. Su evolución es lenta y las metástasis a distancia son raras. Poco diferenciado, el cáncer anaplásico conserva pocas de las propiedades de las células foliculares normales. No fija el yodo radiactivo y la producción de tiroglobulina es baja. El pronóstico de este cáncer, que se desarrolla casi siempre en personas mayores, es grave.

Mucho menos frecuente es el cáncer medular, que se desarrolla a partir de las células C que secretan calcitonina. No fija el yodo radiactivo. El cáncer medular es hereditario en una cuarta parte de los casos.

El cáncer medular

Descritos por primera vez en 1959, los cánceres medulares representan cerca del 7 % de la totalidad de los cánceres de tiroides. Tienen su origen en las células parafoliculares del parénquima tiroideo encargadas de secretar la calcitonina. Este tipo de cáncer puede diagnosticarse gracias a la dosis de calcitonina en el plasma. Contrariamente a otros tipos de cáncer, no captan el yodo. El cáncer medular puede a la vez extenderse localmente o implantarse a distancia aprovechándose de la circulación sanguínea.

Pronóstico del cáncer de tiroides

El pronóstico del cáncer de tiroides es en general muy bueno. Depende sobre todo de la edad del paciente en el momento del diagnóstico, del tipo de cáncer y del desarrollo más o menos avanzado de la enfermedad. A modo esquemático podría decirse que el pronóstico es excelente para los tumores de menos de 1 cm, favorable para tumores de 1 a 4 cm y muy serio cuando el diámetro del tumor supera los 4 cm. Sin embargo, hay que advertir que estas nociones se ofrecen a título indicativo y que cada caso es distinto.

Frecuencia
y factores de riesgo

El cáncer tiroideo se presenta casi siempre en forma de nódulo. No obstante, los nódulos de la tiroides son muy frecuentes, pero la gran mayoría es benigna y solo un 5 % es cancerígeno. En presencia de un nódulo, el médico debe determinar la naturaleza exacta y el tratamiento que prescribirá.

Predisposición genética

El cáncer de tiroides es más frecuente en determinadas familias. Por lo tanto, parece que hay cierta predisposición genética. En efecto, entre el 3 y el 5 % de los pacientes que padecen un cáncer de tiroides tienen otro miembro de la familia que padece la misma enfermedad. También es cierto que el hecho de que sea más frecuente un cáncer de tiroides en una misma familia podría explicarse asimismo por factores medioambientales, como la alimentación o la exposición a contaminantes que serían comunes a los miembros de la misma.

El cáncer medular, una enfermedad que suele ser familiar

El cáncer medular produce una sustancia llamada calcitonina. A veces puede detectarse gracias a un análisis de sangre incluso antes de que los nódulos sean palpables. Puesto que se trata de un tipo de cáncer que suele ser familiar, la dosis de calcitonina en los próximos al enfermo permite un diagnóstico y un tratamiento precoces. Como es un tipo de cáncer de baja frecuencia, la dosis de calcitonina no es sistemática en todos los portadores de nódulos.

Exposición a la radiación

No se conoce la causa exacta de la aparición de un cáncer de tiroides. Sin embargo, una causa comprobada es la irradiación del cuello durante la infancia. Esta radiación podría haber sido accidental o utilizada a modo de tratamiento.

Solo los niños menores de 15 años parecen ser muy sensibles al efecto cancerígeno de los rayos cuando hay una irradiación de la tiroides. El riesgo de cáncer es mayor cuanto mayor es la dosis de radiación. El riesgo solo está certificado para dosis de radiación de al menos 100 mGy. Resulta útil recordar que esta dosis es muy superior a la dosis de radiación que se utiliza en exámenes radiológicos o escintigrafías estándar.

El accidente de Chernóbil

Según un informe de la Organización Mundial de la Salud (OMS), se registró una fuerte incidencia de cáncer de tiroides en los niños y adolescentes que vivían en las regiones más contaminadas de Bielorrusia, Rusia y Ucrania en el momento del accidente. Este aumento del cáncer de tiroides se explica por las fuertes emisiones de yodo radiactivo liberadas por el reactor de Chernóbil en el transcurso de los primeros días después del accidente nuclear. Este yodo radiactivo se depositó sobre los prados donde pastaban las vacas. Las vacas concentraron el yodo radiactivo en la leche, una leche contaminada con la que alimentaban a los niños. La vida media del yodo radiactivo es relativamente corta, de modo que, si los habitantes hubiesen dejado de darle leche contaminada a los niños durante los meses sucesivos al accidente, se hubiesen evitado muchos cánceres inducidos por la radiación.

¿Qué es una vida media?

La vida media de una sustancia radiactiva corresponde al tiempo necesario para que la sustancia pierda la mitad de su actividad radiactiva. Esta noción puede aplicarse también a los medicamentos. En este contexto, la vida media de eliminación de un medicamento es el tiempo necesario para que los índices plasmáticos del medicamento disminuyan hasta la mitad.

¿Qué hace el médico para emitir el diagnóstico?

El punto de partida del diagnóstico de cáncer de tiroides suele ser la detección del nódulo. Si se observa un nódulo a nivel de la tiroides no hay que ponerse nervioso ya que el 95 % de los nódulos son de naturaleza benigna. Solo el 5 % restante es maligno, aunque curable en la gran mayoría de los casos. Si se observa un nódulo, lo primero que hay que hacer es acudir al médico. El especialista realizará los exámenes que considere apropiados y, finalmente, pondrá un tratamiento. El cáncer de tiroides, si se trata a tiempo, tiene magníficas posibilidades de curación.

Circunstancias de la detección

El nódulo puede manifestarse por la presencia de un bulto aparente en la parte inferior del cuello. Este bulto no suele provocar ningún dolor. Es banal y se desplaza durante la deglución. En otros casos, el nódulo se descubre fortuitamente gracias a un examen de imágenes médicas practicado por otros motivos como por ejemplo una ecografía o un examen de Doppler. También es posible que el nódulo se descubra por la presencia de un ganglio a nivel del cuello o cuando un bocio aumenta súbitamente de volumen. Una modificación de la voz, que se convierte en ronca, es también una pista para cualquier médico.

Interrogatorio y exámenes

Después de haber interrogado al paciente sobre el motivo de la consulta, el médico examinará al enfermo palpándole el cuello y buscando elementos sospechosos. ¿Hay afecciones de tiroides en la familia? ¿Ha estado el paciente expuesto a un tratamiento con radiación durante la infancia? Tras estas preguntas, se procederá a una ecografía cervical. De ser necesario, se prescribirá una dosis de TSH y hormonas tiroideas.

Si no existen elementos clínicos desfavorables y si el nódulo mide menos de 1 cm de diámetro, no hace falta llevar a cabo ningún examen suplementario. En estas condiciones el riesgo de cáncer es muy bajo. Aún así, hay que prever un nuevo examen ecográfico al cabo de 12-18 meses para observar la evolución del nódulo.

La citopunción

Si el médico considera útil seguir realizando exámenes, prescribirá una citopunción. Es decir, la punción del nódulo gracias a la ayuda de una aguja fina. El paciente solo nota un pequeño pinchazo, semejante al de un análisis de sangre. Las agujas que se utilizan son muy finas, pero permiten tomar fragmentos de tejido que después se examinan en el microscopio. Este examen citológico de las células extraídas puede desembocar en tres resultados:

- si el aspecto de las células es normal, el nódulo se clasifica como benigno y el riesgo de cáncer será bajo. Un seguimiento regular, cada 12-18 meses, será suficiente. No será necesario ningún tratamiento de forma inmediata.
- si el aspecto de las células es moderado, el nódulo se considera sospechoso. El riesgo de cáncer está en torno al 20%. La decisión de operar al paciente o de hacer un seguimiento del nódulo se fundamenta en los resultados de otros exámenes. Asimismo, si el nódulo es de grandes dimensiones y si aumenta rápidamente de volumen, el médico recomendará sin duda la extirpación del nódulo con cirugía para no correr ningún riesgo.
- si el aspecto de las células es anormal, el nódulo se califica de maligno. El riesgo de cáncer es elevado, del orden del 95 %. Estos nódulos deben retirarse. La presencia de un cáncer casi siempre queda confirmada con la intervención quirúrgica.

Escintigrafía tiroidea para detectar un cáncer

La escintigrafía tiroidea está indicada en dos casos concretos. El primer caso: cuando el índice de TSH es bajo, se realiza una escintigrafía para aclarar si el nódulo es «caliente» o «frío». Los nódulos «calientes» son benignos pero pueden provocar un hipertiroidismo. En el segundo caso, si hay una presencia de bocio multinodular, la escintigrafía precisa los nódulos calientes y los fríos, lo que permite orientar mejor las exploraciones complementarias como la citopunción de los nódulos fríos.

¿Cómo se trata un cáncer de tiroides?

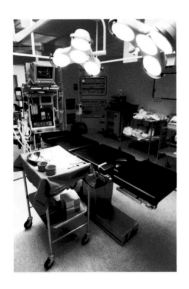

El tratamiento de un cáncer tiroideo implica varias etapas sucesivas. Las posibilidades de curación son mejores cuando el tratamiento está asociado a una extirpación quirúrgica total de la glándula y la administración de yodo 131.

La extirpación de la tiroides

La cirugía es la primera etapa del tratamiento y, sin duda, la más eficaz. Consiste en una extirpación total de la glándula tiroidea, una tiroidectomía total. Se trata del método más seguro para evitar la propagación del cáncer. Después de la operación, la toma de tiroxina es necesaria para compensar la ausencia de fabricación de hormonas tiroideas para el organismo.

Condiciones previas al tratamiento con yodo radiactivo

Para que el yodo radiactivo pueda penetrar en las células tiroides y destruirlas es necesario aumentar los índices de TSH de antemano. Hay dos métodos posibles.

El primero es el paro hormonal. El médico le pide al paciente que deje de tomar las hormonas tiroideas durante 4-6 semanas. Entonces el paciente estará en un estado de hipotiroidismo, lo que desencadenará la secreción de TSH.

Otro método consiste en administrar TSH exógena, en forma de medicamento. Hoy en día se recurre a la rhTSH u «hormona tireoestimulante recombinante humana», un medicamento fruto de la biotecnología. En este caso, el paciente no tiene que dejar de tomar las hormonas tiroideas.

Limpieza de los ganglios

En algunos tipos de cáncer, el cirujano procede a una limpieza de ganglios. El alcance de la ablación dependerá del número de ganglios afectados. Durante esta intervención los ganglios situados en torno a la glándula tiroidea se extraen mediante una incisión horizontal utilizada para retirar la glándula. A veces, la limpieza debe ampliarse a la parte lateral del cuello. Entonces hay que prolongar la incisión. Aparte de una pequeña inflamación pasajera de la cara, no se produce ningún otro efecto indeseable.

Tratamiento con yodo 131

La utilización de yodo 131 tras la operación es muy frecuente, ya que este tratamiento asociado a la cirugía da mejores resultados a largo plazo. El tratamiento se presenta bajo cápsulas que se toman vía oral. Permite destruir los residuos de la tiroides susceptibles de haberse escapado a la cirugía y cualquier tipo de metástasis local o a distancia.

Se trata de un tratamiento sencillo que, no obstante, requiere una hospitalización durante varios días. El tratamiento suele tolerarse bien a excepción de algunos efectos pasajeros menores como molestias a nivel del cuello, modificación del gusto, disminución de la saliva, etcétera.

Radioterapia externa

Una radioterapia externa, con rayos X que provienen de una fuente externa, como el tratamiento de cobalto, casi nunca es necesaria. Aún así puede utilizarse cuando el cáncer de tiroides no puede resecarse por completo. Durante 4-6 semanas se aplica una radioterapia externa, en bajas dosis, en la región del cuello. Reacciones secundarias a nivel de la piel como enrojecimientos o una pigmentación reforzada pueden observarse en una minoría de pacientes.

El yodo radiactivo

El yodo 131 y el yodo 123 son isótopos radiactivos del yodo que emiten radiación al desintegrarse. La radiación emitida permite a la vez localizar los tejidos tiroideos y, en dosis más elevadas, destruirlos. El yodo 123 se utiliza sobre todo con fines diagnósticos: permite realizar exploraciones funcionales y morfológicas de la tiroides. Por el contrario, se recurre al yodo 131 con dosis muy elevadas para destruir específicamente las células tiroideas en caso de cáncer de la glándula. Otra indicación del yodo 131 es un hipertiroidismo que se resiste a los tratamientos con medicamentos.

Confirmar el éxito del tratamiento del cáncer

Hay que tener cuidado para que la extirpación de la tiroides no dé lugar a ninguna complicación inmediata, sobre todo a nivel de las glándulas paratiroides y del nervio recurrente. En este sentido, los controles regulares son necesarios ya que el cáncer de tiroides puede reaparecer. El médico elabora así un programa de seguimiento que permite detectar a tiempo cualquier signo hostil y tomar las medidas adecuadas.

Seguimiento inicial

Después del tratamiento con yodo, el médico visita al paciente de forma regular. El examen de seguimiento presenta una ventaja, que es la de tranquilizar al paciente. Por el contrario, si se observan signos de recidiva, el especialista instaurará de inmediato un tratamiento apropiado que aumentará las posibilidades de curación.

El primer examen de control consiste en un examen escintográfico de cuerpo entero que suele realizarse 2-5 días después de la administración de yodo radiactivo. Su objetivo es verificar la ausencia de focos de fijación fuera de la región tiroidea.

Seguimiento después de un año en ausencia de recidiva

Si no se detectan focos de tumores, se realizará un chequeo en torno a los 12 meses después del tratamiento inicial. Consistirá en una ecografía de la región cervical asociada a una dosis de tiroglubina.

Resulta útil recordar que la tiroglubina solo la produce el tejido tiroideo, ya sea normal o tumoral. En caso de destrucción completa del tejido tiroideo, la tiroglubina resultará indetectable. En contrapartida, si se detecta tiroglubina en la sangre, significará que hay focos tumorales persistentes en el organismo. Entonces se trata de localizarlos y tratarlos de forma adecuada.

Cuando estos dos exámenes (la ecografía cervical y la dosis de tiroglubina) son normales, el riesgo de recidiva es muy bajo. Aún así, la dosificación de tiroglubina debe repetirse cada año a lo largo de la vida por medidas de seguridad.

Si el paciente ha sido operado de la tiroides debido a un cáncer, deberá tomar hormonas tiroideas de síntesis de por vida. Además, a intervalos regulares, deberá someterse a análisis de sangre para verificar que los índices de TSH son normales.

Seguimiento después de un año en presencia de recidiva

Si se detecta una anomalía ecográfica o una elevación de la tiroglubina se requerirán exámenes adicionales para localizar los focos tumorales y tratarlos según sea conveniente.

Pérdida de la voz

A modo de recordatorio, los nervios recurrentes que inervan las cuerdas vocales circulan justo al lado de la tiroides. Si el nervio recurrente queda tocado durante el transcurso de la operación, la voz se queda ronca o desaparece. Afortunadamente, este debilitamiento de la voz suele ser transitorio y los problemas definitivos son muy extraños.

Metástasis locales y a distancia

Un cáncer puede extenderse en el entorno inmediato pero también a distancia. A título de ejemplo, el cáncer de la tiroides puede invadir los ganglios del cuello. Entonces se habla de metástasis locales. Estas células también pueden «escaparse» del órgano donde se desarrollaron para invadir un órgano alejado. Entonces se habla de metástasis a distancia. De este modo el cáncer de tiroides puede implantarse a nivel de los pulmones y los huesos.

Metástasis ganglionarias a nivel del cuello

El cáncer de tiroides (sobre todo las formas papilares) da a menudo lugar a metástasis en la región del cuello. Se detectan mediante la palpación o por ecografía. Si los focos no fijan el yodo radiactivo, se realiza una citopunción bajo control ecográfico. El análisis del líquido de punción permite precisar la causa de la hinchazón de los ganglios.

Si el análisis del líquido pone en evidencia que hay células cancerígenas, el tratamiento se basará en yodo radiactivo, si se fija suficientemente a nivel del ganglio. Si no es así, habrá que realizar una intervención quirúrgica. A veces, el yodo radiactivo se ofrece como complemento de una intervención quirúrgica.

Metástasis en los pulmones y los huesos

Las metástasis a distancia se implantan con predilección en los pulmones o los huesos. En un mismo paciente las metástasis pulmonares pueden cohabitar con metástasis óseas.

Los signos reveladores de una invasión de los huesos son múltiples. A veces, dolores localizados y persistentes después de varias semanas pueden revelarlos. Una fractura del cuello del fémur puede también iluminar al médico, sobre todo si conoce bien los antecedentes de cáncer. Estas fracturas pueden ser el resultado de un choque más o menos violento o también ser espontáneas. El diagnóstico se realiza mediante radiografía. Además, las metástasis fijan a menudo yodo radiactivo.

En cuanto a las metástasis pulmonares, se manifiestan por la tos, expectoraciones o un jadeo progresivo. Una radiografía de tórax es esencial para emitir el diagnóstico. Suele completarse además con un examen de tomodensiometría, que normalmente se llama escáner, para apreciar mejor el volumen, el número y el estado de las metástasis.

Tratamiento de las metástasis pulmonares y óseas

Las metástasis pulmonares pueden eliminarse quirúrgicamente cuando el número es bajo. Otra alternativa terapéutica es la utilización de una o dos dosis de yodo radiactivo.

El tratamiento de las metástasis óseas requiere sobre todo cirugía cuando es posible. En efecto, estas metástasis evolucionan muy lentamente, así que lo lógico es eliminarlas. El objetivo de la intervención es prevenir eventuales fracturas óseas o mitigar los dolores del paciente. Un tratamiento con yodo 131 suele asociarse a la cirugía. En los casos en los que resulta imposible operar, el yodo 131 está asociado a la radioterapia externa.

Quimioterapia en caso de cáncer de tiroides

En quimioterapia se recurre a medicamentos citotóxicos que obstaculizan la capacidad de las células cancerígenas para crecer y propagarse. La quimioterapia casi nunca se utiliza en el tratamiento de cáncer de tiroides. Ahora bien, sí que es cierto que se emplean nuevas terapias cuando el tumor no responde al yodo radiactivo. Estas «terapias especializadas», administradas por vía oral, inhiben ciertas anomalías específicas de las células cancerígenas y han demostrado ser eficaces en determinados tipos de cáncer de tiroides.

¿Qué ha pasado con Chernóbil?

El 26 de abril de 1986 la explosión de un reactor nuclear de la central de Chernóbil, en Ucrania, provocó el accidente nuclear más grave de la historia. Durante los días sucesivos, los bomberos trabajaron día y noche, expuestos a unas dosis radiactivas altísimas. Muchos de ellos murieron al cabo de pocos años.

Circunstancias del accidente

¿Qué ocurrió? Debido a un error humano, una violenta explosión hizo volar por los aires la tapa del reactor, que pesaba 2000 toneladas. Una parte del centro del reactor fue proyectada por encima de los edificios vecinos, liberando gran cantidad de gases radiactivos. Todos los habitantes en un perímetro de 30 kilómetros en torno al lugar fueron evacuados. Sin embargo, la radiactividad no conoce de zonas prohibidas y vastos territorios de Ucrania, Bielorrusia y Rusia se vieron contaminados.

Cáncer de tiroides en los niños

El aspecto más dramático de la catástrofe fue su impacto destructor en la salud humana. Las radiaciones de Chernóbil provocaron cáncer de tiroides, sobre todo en los niños y adolescentes que tenían menos de 15 años en el momento del drama. Después de las estimaciones de Naciones Unidas, se registraron 11.000 casos de cáncer de tiroides.

La glándula tiroidea no fue el único órgano que se vio afectado. ¡Ni mucho menos! En los años posteriores al accidente, se observaron enfermedades del tubo digestivo, de los pulmones y de la sangre en los habitantes de las regiones contaminadas. Las autoridades ucranianas estiman en 15.000 el número de fallecimientos directamente atribuibles al accidente de Chernóbil. Asimismo, muchas parejas tuvieron que enfrentarse a la esterilidad y a falsos embarazos.

Pese a su dramatismo, el accidente de Chernóbil tuvo un mérito. Permitió imponer una precaución fundamental para proteger a las poblaciones vecinas que vivían cerca de las centrales nucleares: que tomaran pastillas de yodo en caso de accidente. Estas pastillas permiten saturar la glándula tiroidea y evitar que el yodo radiactivo se fije en la glándula.

Consecuencias de Chernóbil

Unos 15 años después de la catástrofe de Chernóbil, Francia exigió un estudio sobre los efectos sanitarios del accidente en la población del país. El INVS (Institut de veille sanitaire 'Instituto de bienestar sanitario') estudió los riesgos del cáncer de tiroides en los niños que vivían en el este de Francia en el momento del accidente. Las conclusiones del informe son: las dosis a las que estuvieron sometidos los niños franceses de menos de 15 años en 1986 fueron mínimas, 100 veces menores a las de Bielorrusia. Por esa razón, los científicos franceses estimaron que el riesgo no se podía evaluar.

Aumento del cáncer de tiroides en Europa

La frecuencia del cáncer de tiroides ha aumentado en Europa Occidental en las últimas décadas. A modo de ejemplo, en Francia se han publicado los resultados de una encuesta que podría resumirse así: «las técnicas diagnósticas no invasivas se utilizan extensamente, de modo que la realización más frecuente de tiroidectomía total en caso de nódulos benignos lleva a descubrir cánceres fortuitos y desempeña un papel importante en el aumento constatado». Es decir, el aumento del cáncer de tiroides se debería a una mejora de los métodos de diagnóstico y a la extirpación cada vez más frecuente de la tiroides, lo que contribuye a descubrir cánceres que se desconocían.

El último reactor nuclear de Chernóbil

En diciembre del año 2000, el presidente ucraniano Leonid Kuchma anunció el cierre definitivo del último reactor que todavía operaba en la central de Chernóbil. Sin embargo, el estado del sarcófago que recubre el reactor accidentado supone serios problemas. Se construyó a toda prisa durante los meses que siguieron a la catástrofe y amenaza con hundirse y liberar 160 toneladas de combustible altamente radiactivo. Por ello, aunque han pasado ya décadas desde el accidente, Chernóbil sigue amenazando a millones de personas.

Alimentación: ni carencia ni exceso

El yodo: un oligoelemento indispensable para el organismo

El yodo es un oligoelemento, una pequeña sustancia metálica, absolutamente indispensable para el buen funcionamiento del organismo. En estado natural, el yodo se encuentra sobre todo en los océanos, donde sufre una evaporación, penetra en la atmósfera y después cae a tierra con el agua de la lluvia. El yodo se aporta al organismo únicamente a través de la alimentación y una carencia puede causar grandes daños.

¿Sigue habiendo necesidad de recordar el impacto esencial de una alimentación equilibrada en nuestra salud? Fruta, verdura, productos lácteos, carne... Todos estos alimentos aportan su grano de arena en la alimentación equilibrada. Por ello, todo el organismo, incluida la tiroide, aprovechará los beneficios.

En concreto, ¿qué hay que comer?

La tiroides, una pequeña glándula sensible, puede estar directamente afectada por un des-

equilibrio nutricional y sobre todo por un consumo insuficiente de yodo. En efecto, una carencia de yodo puede favorecer la aparición de bocio o de nódulos. Por todo esto ¡más vale prevenir que curar! En primer lugar, hay que intentar tener una alimentación suficientemente yodada. ¿Dónde se encuentra el yodo? Este oligoelemento se encuentra sobre todo en el pescado (salmón, bacalao, arenque…), en el marisco y también en los productos lácteos. Por ello, hay que consumir entre dos y tres veces a la semana pescado o marisco e intentar cocinarlos de un modo que se respete este oligoelemento: cocción en microondas o en papillote mejor que con caldo.

Hay que utilizar sal enriquecida con yodo, pero consumirla con moderación ya que es bien sabido que un exceso favorece la hipertensión. Asimismo, no hay que olvidar cerrar bien el recipiente donde se guarda la sal, ya que el yodo es muy volátil y puede dispersarse antes de la utilización de la sal.

Las algas son también una fuente importante de sal. Cada vez se toman más en Europa y se encuentran bastantes variedades.

Alimentos que favorecen el bocio

Si bien determinados alimentos son buenos para la tiroides, hay otros que tienen la reputación de ser bociogénicos, es decir, que parece que fomentan la aparición de bocio al tener tendencia a obstaculizar la síntesis de hormonas tiroideas y, por tanto, favoreciendo la aparición de este. En esta lista negra se encuentran todos los tipos de coles, brócoli, nabos, granos de mostaza y de colza, mandioca, melocotones, albaricoques, cerezas y almendras, mijo y germen de soja. Ahora bien, no sirve de nada alarmarse y tachar estos productos de la alimentación, ya que se trata de alimentos sanos. Consumidos en cantidades razonables, no tienen por qué causar un mal funcionamiento de la tiroides.

E400, ¿le suena a algo?

Sin saberlo, muchos ya consumimos cotidianamente algas. ¡Sí! Hace ya bastante tiempo que la industria agroalimentaria utiliza algas a modo de aditivo en numerosas preparaciones alimentarias. Espesantes, gelificantes, emulsificantes o estabilizantes, las algas tienen muchas propiedades que han hecho que pasen a ser indispensables. A partir de ahora ya sabrá que los códigos E400 y E407 que figuran en las etiquetas de los productos esconden extractos de algas.

El tabaco y otros contaminantes

No es un secreto para nadie: ¡el tabaco perjudica la salud! Y, cómo no, también es dañino para la tiroides. Por lo tanto, si se padece una enfermedad de tiroides, lo mejor que se puede hacer es dejar de fumar.

Repercusiones del tabaco en la glándula

Es un hecho: a los fumadores les afectan más los problemas de tiroides que al resto de las personas. ¿Por qué? Porque el humo del cigarrillo libera tiocianatos que bloquean la captación de yodo por parte de la glándula e impiden su buen funcionamiento. De este modo, los fumadores parecen correr un riesgo mayor de desarrollar hipotiroidismo, pero también hipertiroidismo. Los más afectados son los fumadores que tienen la enfermedad de Basedow y tienen una inclinación a desarrollar exoftalmia. Pero ¡ahí no queda la cosa! El tabaco también reduce la eficacia de diversos tratamientos de enfermedades tiroideas. Por lo tanto, para tener más oportunidades de curación, hay que apartar definitivamente el tabaco.

Basta ya

Existen tanto métodos para dejar de fumar como fumadores hay. Nadie puede ofrecer la receta milagrosa para liberarse de esta dependencia. Sin embargo, existe una condición sine qua non para tener éxito a la hora de dejar el tabaco: ¡la voluntad!

Antes de lanzarse al desafío, hay que armarse de coraje. Cuando se toma la firme decisión de dejar de fumar hay que contar con la máxima ayuda posible. Hable con su médico, con el farmacéutico o el farmacólogo. Estos profesionales evalúan el grado de dependencia y de motivación y recomiendan sustitutos a la nicotina. Hay fumadores que son capaces de dejar de fumar sin recurrir a ningún producto sustitutivo. También hay muchos hospitales que proponen sesiones de grupo para dejar de fumar. En cualquier caso, hay que intentar eliminar todos los hábitos que se asociaban con el cigarrillo. Si antes, como fumador, fumaba cuando tomaba una taza de café cada día a las cuatro de la tarde, lo mejor es sustituir esa pausa de café por un paseo corto. El deporte también puede ser un buen medio para calmarse y evacuar sentimientos negativos provocados por la falta de tabaco.

Otros contaminantes medioambientales

Aunque no es tan directa como el tabaco, la responsabilidad de los contaminantes en los desarreglos de la tiroides es bien real. Están presentes en nuestra alimentación, en el aire que respiramos y en el agua que bebemos. Estas sustancias tóxicas acentúan las consecuencias de una carencia en yodo. Esencialmente rechazadas en las aguas de usos industriales, los derivados fenológicos, los ftalatos o incluso los bifenilos clorados y bromados se encuentran en el agua y, por extensión, en los alimentos que consumimos. Por lo tanto, los insecticidas y herbicidas a base de compuestos órganoclorados como el DDT, que contaminan nuestros alimentos, han sido acusados de responsables del desarrollo del cáncer de tiroides.

Tabaco, embarazo y tiroides

Los efectos desastrosos del tabaquismo durante el embarazo son muy conocidos. En contrapartida, el impacto del cigarrillo en la glándula tiroidea del feto es menor. Sin embargo, el humo inhalado por la mujer embarazada parece reducir la síntesis de tiroglubina (proteína indispensable para la producción de hormonas tiroideas) en el bebé. Una razón más para dejar de fumar si se está embarazada.

¿Cómo gestionar el estrés?

La implicación del estrés en enfermedades tiroideas se manifiesta de múltiples formas. En numerosas personas un acontecimiento especialmente estresante puede ser el factor que desencadene un problema de tiroides. Cabe añadir que el desequilibrio tiroideo se convierte enseguida en una enfermedad autónoma pese a que cese la situación estresante. Además, el estrés suele estar omnipresente en los enfermos víctimas de hipertiroidismo. He aquí algunas medidas sencillas para paliar esta plaga de los tiempos modernos en que vivimos.

¡No dejarse desbordar!

Para gestionar el estrés, el secreto consiste en saber llevar bien las riendas de la vida. Hay que hacer al menos una vez al día una actividad que nos guste mucho como escuchar música, tomar un baño caliente o telefonear a un amigo. Si se hace bien una cosa, lo justo es felicitarnos a nosotros mismos. Si, por el contrario, una tarea no nos ha salido muy bien, no hay que obsesionarse y hay que intentar ser menos exigente. Todos somos humanos y nadie es perfecto. Si nos sentimos desbordados, podría resultar útil establecer una clasificación de las prioridades e intentar organizarse mejor: los acontecimientos imprevistos son los que suponen mayor estrés. Por último, si tenemos la costumbre de encargarnos personalmente de todas las tareas, podríamos dejar que los niños ayudasen un poco. La vida será más fácil y más serena si aprendemos a rechazar todo lo que sobrepasa nuestras competencias.

Tener bonitos sueños

Está claro que el sueño y el reposo desempeñan un papel crucial para los enfermos de tiroides. Si padecemos hipertiroidismo, el sueño se verá perturbado, ya que las hormonas tiroideas estarán actuando por encima de lo normal. La condición indispensable para conciliar el sueño es que se trate la enfermedad.

En contrapartida, una vez se ha encontrado el equilibrio hormonal, se pueden poner en práctica pequeños remedios que ayudan mucho. No hay que descuidar el entorno donde se duerme. Resulta más fácil conciliar el sueño en una habitación oscura, bien aireada, alejada del ruido y sobre un buen colchón. Para favorecer el sueño, no hay que cenar copiosamente. Contra la idea generalizada, el alcohol no es un buen somnífero, por lo que conviene beber con moderación. Por último, es importante estar relajado antes de echarse a dormir. Un buen baño caliente, veinte minutos antes de dormir, será muy positivo.

Tengo un nudo en el estómago

El estrés suele estar asociado a una pérdida de apetito y a una alimentación poco saludable. Por esta razón, hay que empezar a pensar en los alimentos básicos. No hay que dejarse vencer por la comodidad y tomar muchos platos precocinados o bocadillos, sino prepararse platos apetitosos ricos en fruta y verdura.

Asimismo, la forma de comer es también importante. A la hora de comer, hay que instalarse en un lugar calmado e iluminado. Conviene tomar pequeñas porciones de alimentos, masticando poco a poco. Hay que dedicar tiempo a las comidas y desayunar en un entorno agradable.

El deporte, un buen remedio

El deporte es una válvula de escape de la presión. Es muy beneficioso tanto para el cuerpo como para el espíritu. ¿Qué deporte es más apropiado? Depende de lo que le guste a cada persona, pero está muy bien caminar, ir en bicicleta, hacer natación... Ahora bien, también hay que tener cuidado en no pasarse. Tres sesiones a la semana de una treintena de minutos cada una serán suficientes para liberar el estrés. Se sentirá bien, no tendrá dolores de cabeza y dormirá como un lirón.

Conclusión

Las enfermedades de la tiroides son relativamente frecuentes y afectan a más mujeres que hombres. Pueden conducir a una falta de hormonas tiroideas (hipotiroidismo) o, por el contrario, a un exceso (hipertiroidismo). La causa más frecuente de hipertiroidismo es la enfermedad de Basedow, enfermedad autoinmune debida a anticuerpos antitiroideos fabricados por la glándula que ejercen una acción estimulante en el parénquima tiroideo. Un exceso de yodo, inducido casi siempre por la ingesta de medicamentos ricos en el mismo, puede originar también un hipertiroidismo, que casi siempre es reversible al dejar el tratamiento. La tiroiditis de Hashimoto, otra enfermedad autoinmune caracterizada por la presencia de anticuerpos dirigidos contra la tiroides, puede dar como resultado a la larga una síntesis insuficiente de hormonas tiroideas y, por lo tanto, un hipotiroidismo. El hipotiroidismo también puede ser el resultado de una extirpación quirúrgica de la glándula tiroidea debida a un cáncer o un adenoma tóxico. Asimismo puede aparecer tras un tratamiento con radio-yodo.

En algunos pacientes el volumen de la glándula tiroidea puede aumentar hasta formar un bocio. La tiroides también puede ser un lugar donde se desarrollen nódulos. En la mayoría de los casos se trata de adenomas benignos o quistes y casi nunca dan lugar a un cáncer de la glándula tiroides. Un bocio puede aparecer también por una inflamación de la glándula (tiroiditis) que puede deberse a diferentes causas. Hay mucho que aprender de las enfermedades de tiroides. Esperemos que esta obra nos ayude a todos a comprender mejor esta glándula, que desempeña un papel fundamental en el funcionamiento de nuestro organismo y que contribuye de una forma destacable a nuestro bienestar cotidiano.

Preguntas y respuestas

Tengo hipertiroidismo y quiero tener un bebé. ¿Qué debo hacer?

Si se está tratando de hipertiroidismo y desea quedarse embarazada, lo más recomendado es que solucione definitivamente el problema de tiroides antes de quedarse en estado. En efecto, los autoanticuerpos de la enfermedad de Basedow atraviesan la placenta y pueden crear un bocio o un hipertiroidismo en el bebé. En la mayoría de los casos, el tratamiento consistirá en la extirpación quirúrgica de la glándula o en un tratamiento con yodo radiactivo.

Sea como sea, el embarazo solo deberá producirse cuando se haya encontrado un buen equilibrio tiroideo con tratamiento de hormonas tiroideas. Si el tratamiento requiere la administración de yodo radiactivo, será preferible esperar seis meses para el embarazo.

Tengo hipotiroidismo y estoy embarazada. ¿Qué debo hacer?

Si la están tratando con tiroxina, comercializada bajo diferentes nombres, deberá consultarlo al médico, pero normalmente no presenta ningún inconveniente para el feto. Es importante que el tratamiento esté bien equilibrado y es preferible que la TSH se sitúe hacia el límite inferior dentro de una franja de normalidad. Como medida de seguridad, las tasas de TSH deben medirse con regularidad, como mínimo cada dos meses. Como las necesidades de hormonas tiroideas van aumentando a lo largo del embarazo, habrá que aumentar las dosis de levotiroxina. En cuanto a la lactancia, este medicamento no presenta ningún inconveniente. Podrá darle el pecho como el resto de mamás.

Me han tratado con tiroxina desde hace más de diez años. Me han dicho que podría provocar problemas cardíacos. ¿Es cierto?

La tiroxina es una hormona tiroidea natural. Las hormonas tiroideas actúan sobre todos los órganos: la piel, los huesos, los músculos, el corazón, etcétera. A nivel del corazón, aumentan el ritmo cardíaco y la fuerza de contracción del músculo cardíaco. Bien equilibrado, el tratamiento mediante esta hormona natural no tiene consecuencias sobre la función cardíaca. No obstante, si la hormona se administra en una dosis demasiado fuerte, puede desencadenar una aceleración del pulso y problemas con el ritmo cardíaco. De la misma forma también puede tener repercusiones en los huesos, ya que favorece la pérdida ósea. Por estas razones, hay que evitar el hipertiroidismo, sobre todo si ya se tiene cierta edad.

¿Qué tratamientos hay para el cáncer de tiroides?

La cirugía es la primera etapa del tratamiento del cáncer y también la más importante. Consiste en una tiroidectomía total, es decir, una extirpación total de la glándula, asociada a una cura ganglionar.

La cirugía suele estar asociada a un tratamiento con yodo radiactivo, ya que los estudios clínicos han mostrado que esta asociación da mejores resultados. El objetivo del tratamiento con yodo radiactivo es destruir las células tiroideas «olvidadas» por la cirugía. Este tratamiento suele realizarse algunas semanas después de la operación. Consiste en tomar una cápsula que contiene una fuerte dosis de yodo radiactivo. Para evitar toda radiación del entorno, será necesaria una hospitalización de varios días para el tratamiento con yodo radiactivo.

¿En qué consiste el seguimiento médico después de un cáncer de tiroides?

En la mayoría de los casos, el pronóstico del cáncer de tiroides es excelente. No obstante, debido al tratamiento quirúrgico y a la administración de yodo radiactivo, es necesario un seguimiento médico en el que se llevarán a cabo diferentes exámenes.

El seguimiento del tratamiento es en un primer momento clínico, ya que se trata de reparar los signos de un exceso de dosis para prevenir un posible hipertiroidismo.

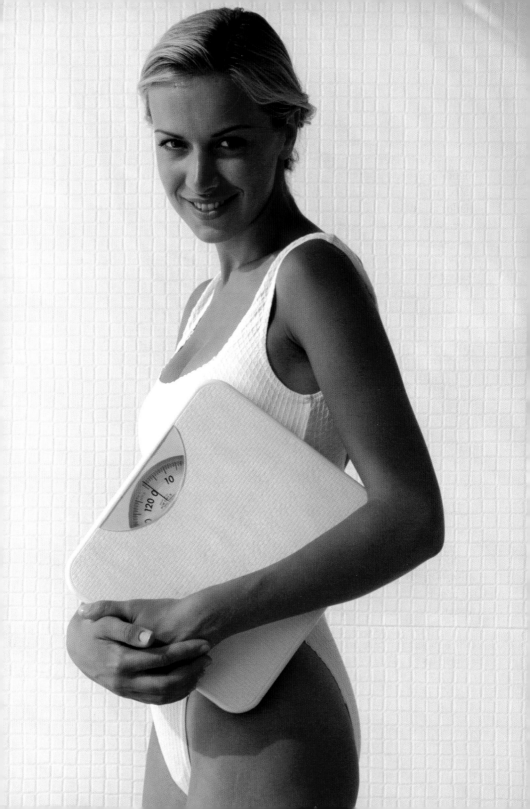

Por la palpación del cuello y los resultados de una ecografía de la región cervical, el médico busca signos de una recidiva local.

Mediante dosis de tiroglubina a intervalos espaciados el médico intenta detectar recidivas de cáncer. Si la tasa de tiroglobulina es detectable, esto significa que hay presencia de tejido tiroideo en el organismo. En ese caso, el cáncer ha vuelto. La escintigrafía del cuerpo entero con yodo radiactivo permite visualizar los eventuales tejidos tumorales que fijan el yodo radiactivo. Se realiza varios meses después del tratamiento con yodo radiactivo o en caso de signos de alerta como por ejemplo un aumento de la tasa de tiroglobulina o una hinchazón de los ganglios del cuello.

Las hormonas tiroideas, ¿son un buen remedio para adelgazar?

La respuesta a esta pregunta es claramente ¡no! Las hormonas tiroideas no son un método para adelgazar. Hoy en día se sabe que estas hormonas no hacen perder grasa, sino más bien músculo y agua. En cuanto se deja el tratamiento, los kilos se retoman y, por lo tanto, el beneficio es nulo. Además, el organismo tiene tendencia a acostumbrarse a estas hormonas, por lo que, para obtener el mismo efecto, hay que ir aumentando las dosis. Cabe añadir que tomar hormonas tiroideas puede acarrear efectos indeseables como palpitaciones, nerviosismo, insomnio, cambios de humor... En conclusión, para perder peso, conviene evitar por completo las hormonas tiroideas.

Glosario

Anticuerpo: proteína fabricada por el sistema inmunitario con la finalidad de defender al organismo contra una sustancia extraña al mismo, llamada antígeno.

Autoanticuerpos: anticuerpos fabricados contra un constituyente del organismo y no contra una sustancia extraña. Por ejemplo, anticuerpos antitiroglobulina, anticuerpos antiTPO, anticuerpos antirreceptores de la TSH.

Basedow: apellido de un médico alemán, el doctor von Basedow, que describió por primera vez las características de la enfermedad que lleva su nombre. Se trata de un hipertiroidismo de origen autoinmune que es la causa más frecuente de hipertiroidismo.

Bocio: hace referencia a todo aumento de volumen de la tiroides. Cuando hay varios nódulos palpables, entonces se habla de bocio nodular.

Bociogénico: toda sustancia que favorece la aparición de un bocio.

Calcitonina: también llamada tirocalcitonina, se trata de una hormona secretada por las células C de la tiroides. Favorece la fijación de calcio en los huesos. Es un marcador muy fiable de cáncer medular de la tiroides.

Cáncer medular: cáncer derivado de las células C de la glándula tiroidea, también llamado carcinoma medular con estroma amiloide.

Cáncer papilar: es el cáncer tiroideo más frecuente. Está bien diferenciado y su crecimiento es lento.

Catecolaminas: categoría particular de hormonas fabricadas por el sistema nervioso. Se distinguen tres tipos de catecolaminas: la adrenalina, la noradrenalina y la dopamina.

Citopunción con aguja: examen practicado en caso de nódulos tiroideos. Consiste en retirar, con la ayuda de una aguja muy fina, células de la glándula con el fin de analizarlas en el microscopio.

Cobalto: elemento químico utilizado en radioterapia.

Cretinismo: se trata de un estado del organismo que se caracteriza por un retraso intelectual, baja altura y una cabeza con una cara hinchada y una lengua enorme. Es consecuencia de un hipotiroidismo congénito marcado.

De Quervain: apellido de un médico suizo, el doctor de Quervain, que describió por primera vez las características de la enfermedad que lleva su nombre. Se traduce en una inflamación de la glándula tiroidea responsable de dolores intensos y un hipertiroidismo inicial.

Diplopia: define un problema ocular que lleva a la visión doble, es decir, que el sujeto ve dos objetos en lugar de uno. Puede darse en la enfermedad de Basedow.

Enfermedad autoinmune: hace mención a una enfermedad debida a un funcionamiento anormal del sistema inmunitario: los linfocitos o los anticuerpos atacan sin razón aparente a determinados órganos o tejidos como si se tratase de cuerpos extraños.

Enzima: es una proteína específica que participa en las reacciones bioquímicas del organismo.

Escintigrafía tiroidea: este examen consiste en registrar la radiación emitida por los isótopos radiactivos yodo 123, yodo 131 o tecnetio 99m. Ofrece una cartografía de la tiroides precisando el carácter hiperfijador o hipofijador de eventuales nódulos de la glándula tiroidea.

Eutiroides: designa el estado de equilibrio de la función tiroides que corresponde a las necesidades metabólicas del organismo. Se caracteriza por unos niveles de TSH normales.

Exoftalmia: salida de los ojos de las órbitas. Las causas son múltiples pero casi siempre se debe a la enfermedad de Basedow. La exoftalmia suele ser bilateral, pero también puede ser unilateral. Puede preceder al hipertiroidismo.

Gónada: órgano destinado a la reproducción. Son los ovarios en las mujeres y los testículos en los hombres. Estas glándulas producen hormonas sexuales.

Hashimoto: apellido del médico japonés que describió por primera vez la enfermedad que lleva su nombre. Se manifiesta por un bocio asociado a un hipotiroidismo.

Hipertiroidismo: se refiere a un hiperfuncionamiento de la tiroides con producción excesiva de hormonas tiroideas. Se traduce, en el caso del hipertiroidismo primario (el más frecuente), en una bajada de la tasa de TSH vinculada a la acción frenética de las hormonas tiroideas en la glándula hipofisaria.

Hipófisis: glándula situada en la base del cerebro, constituida por dos lóbulos, el lóbulo anterior, que secreta la mayor parte de hormonas, y el lóbulo posterior, que libera las neurohormonas que provienen del hipotálamo.

Hipotiroidismo: designa un hipofuncionamiento de la tiroides con insuficiencia de secreción de las hormonas tiroideas, lo que implica una elevación de la TSH cuando es de origen primario y una disminución de la T4 libre.

IRM: imagen de resonancia magnética nuclear, una técnica de imagen médica que permite obtener imágenes virtuales muy precisas del interior del cuerpo.

Necrosis: destrucción de tejido que ocurre tras la muerte de las células.

Neurona: célula del sistema nervioso central formado por un cuerpo celular y prolongaciones secundarias.

Nódulo: estructura densa, bien delimitada, que se desarrolla en el seno del parénquima tiroideo. Puede ser visible y palpable. La ecografía permite determinar algunas de sus características.

Nódulo caliente: designa un nódulo que fija más yodo radiactivo que el parénquima sano durante una escintigrafía.

Nódulo frío: designa un nódulo que fija menos yodo radiactivo que el parénquima sano durante una escintigrafía.

Paratiroides: se trata de cuatro pequeñas glándulas que se fijan en la cara posterior de la tiroides. Su función es regular los índices de calcio y de fosfato en la sangre de manera que se garantice el funcionamiento normal de los músculos y los nervios.

Rapidez de sedimentación: es una prueba muy antigua, pero poco específica, para evidenciar una inflamación. Esta prueba mide la sedimentación de los glóbulos rojos de una muestra de sangre incoagulable que se deja en reposo en un tubo de cristal.

TBG: proteína circulante que asegura el transporte de hormonas tiroideas en la circulación.

Tecnetio: es un trazador radiactivo utilizado para realizar escintigrafías de las tiroides.

Tiempo de vida medio: se trata del tiempo que tarda una sustancia en perder la mitad de una actividad farmacológica fisiológica o radiactiva. Los átomos de una sustancia radiactiva se descomponen y emiten radiación radiactiva. El plazo de tiempo de vida media califica el tiempo durante el cual la cantidad de estos átomos radiactivos disminuye a la mitad.

Tireocitos: se trata del número de células de los folículos tiroides.

Tiroglubina: proteína sintetizada a lo largo del proceso de síntesis de hormonas tiroideas. Cierto número de afecciones, entre las que se encuentra el cáncer de tiroides, pueden engendrar una tasa más elevada de tiroglubina.

Tiroiditis de posparto: designa una tiroiditis indolora o silenciosa que se produce en las mujeres que tienen una enfermedad inmune subyacente. Afecta a un 5 % de las mujeres en las semanas sucesivas al parto, pero suele pasar desapercibida.

Tiroiditis: se caracteriza por diferentes afecciones tiroideas que tienen en común la presencia de células que evocan un proceso inflamatorio.

Tiroxina (T4): o tetrayodotironina, es una de las dos hormonas principales segregadas por la glándula tiroidea.

TRH: o tiroliberina, es una hormona secretada por el hipotálamo que rige la producción y la liberación de la TSH por parte de la hipófisis.

Triyodotironina (T3): es una de las dos hormonas principales segregadas por la glándula tiroidea.

TSH: hormona hipofisaria cuyo papel es el de regular la función de la glándula tiroidea por medio de receptores de la TSH situados en las membranas de los tireocitos. La secreción de TSH queda regulada por un mecanismo de retrocontrol: un exceso de hormonas tiroideas libres bloquea la secreción de TSH.

Yodo: elemento esencial en la síntesis de hormonas tiroideas. La tiroides tiene la capacidad de concentrar el yodo aportado por la alimentación. Cuando esta aportación de yodo es insuficiente, se puede desarrollar un bocio por la estimulación aguda de la tiroides a través de la TSH, que intenta compensar la carencia en yodo para mantener la tasa de hormonas a un nivel satisfactorio.

Yodo radiactivo: se trata de un isótopo de yodo estable utilizado en las escintigrafías tiroideas.

Abreviaturas

COX: ciclooxigenasa.

CRP: proteína C-reactiva.

hCG: gonadotropina coriónica humana o Human Chorionic Gonadotropin.

LATS: anticuerpos que estimulan la tiroides o Long Acting Thyroid Stimulator.

mGy: unidad de radiación.

OMS: Organización Mundial de la Salud.

ORL: otorrinoloaringólogo.

rhTSH: TSH recombinante humano.

T3: triyodotironina.

T4: tiroxina.

TBG: globulina fijadora de tiroxina o Thyroxin Binding Globulin.

TSH: tireoestimulina o Thyroid Stimulating Hormone.

TRAK: anticuerpos antirreceptores de la TSH.

TRH: tiroliberina o Thyrotropin Releasing Hormona.

VS: velocidad de sedimentación.

Título de la edición original
C´est la thyroïde docteur?

Es propiedad
© Éditions Alpen, Mónaco

Derechos vendidos a través de la Agente Ximena Renjifo

© fotografías
Dynamic Graphic, Image 100, Stockbyte, Digital vision, Image source, Banana Stock, Image State

© de la edición en castellano, 2011:
Editorial Hispano Europea, S. A.
Primer de Maig, 21 - Pol. Ind. Gran Via Sud
08908 L'Hospitalet - Barcelona, España.
E-mail: hispanoeuropea@hispanoeuropea.com

© de la traducción
Esther Gil San Millán

Depósito Legal: B. 5094-2011

ISBN: 978-84-255-1969-7

Advertencia

La información contenida en esta obra no puede sustituir en ningún caso el consejo de un especialista. Antes de automedicarse conviene consultar con un médico o farmacéutico cualificado.

Consulte nuestra web:
www.hispanoeuropea.com

IMPRESO EN ESPAÑA   PRINTED IN SPAIN

LIMPERGRAF, S. L. - Mogoda, 29-31 (Pol. Ind. Can Salvatella) - 08210 Barberà del Vallès